스물아홉,
경로를 재탐색합니다

스물아홉, 경로를 재탐색합니다

대기업 대리,
무직 백수 되다!
무계획 퇴사자의
좌충우돌 진로 탐색기

잘자유 지음

자유북스

목차

프롤로그
스물아홉에도 새로운 진로를 찾을 수 있을까요? 6

1장. 경로를 이탈하셨습니다

스물넷, 대기업에 취직하다	11
입사 한 달 차의 퇴사 결심	17
대기업 직장인의 퇴사 준비	22
싫어하는 일도 3년을 하면	26
정말 퇴사할 수 있을까?	30
내 인생의 운전대는	34
자동차보단 오후의 햇살이 좋아	40
잠시 시동을 끄고	43

2장. 사고 다발 구간입니다

방구석 백수의 꿈은	49
블로그로 월 삼천	53
어디든 들어갈 수 있는 사람	59
나 혼자 전자책 만들기	65
어쩌다 사장	70
갑자기 서점을 하고 싶다고?	74
인스타로 돈 벌기	79
모임으로 돈 벌기	85

3장. **경로를 재탐색합니다**

서른의 알바천국	93
친구와 나	105
사서가 되고 싶었던 공대생	110
내가 진짜로 하고 싶은 건 뭘까?	115
행운은 연달아 온다	118
나는 나의 꿈을 은폐했었다	124
작가가 될 수 있을까?	128
소설을 쓰다	132

4장. **새로운 경로로 안내합니다**

정답은 언제나 내 안에	139
내 글이 똥 같을 때	142
열심히 공부하지 마세요	145
신춘문예 첫 도전	149
연재를 해보자!	154
백수도 출근할 곳이 필요해	161
좋아하는 일을 한다는 것	165
책 만들기의 끝은	169
첫 방송은 너무 어려워	173

에필로그
일하기 싫은 게 아니라 일하고 싶은 거야   178

프롤로그

스물아홉에도
새로운 진로를 찾을 수 있을까요?

스물아홉에 백수가 되었습니다. 그것도 잘 다니던 대기업을 때려치우고요. 이직할 곳이 있었냐고요? 아니요. 대학원에 진학한다거나, 전문직 자격증을 준비한다거나, 뭐 그런 새로운 계획이 있었냐고요? 전혀요. 다만 스물아홉, 늦은 나이이지만 더 늦기 전에 새로운 진로를 찾고 싶었습니다. 기계과 말고, 자동차 말고, 내가 진짜 좋아하고 잘할 수 있는 일을요. 앞으로 30년 동안, 아니 그 이상, 쭈욱 하고 싶은 일을요.

그렇게 호기롭게 퇴사했지만 좋아하는 일이 쉽게 나타나진 않더라고요. 시간은 어찌나 빠르게 가던지요. 1년 동안 방황만 하다 아무것도 이룬 것 없이 서른이 되던 날에는 내가 그동안 뭘 한 건가, 불안하고 조급했습니다. 하지만 지나고 보니 그 시간도 다 저에게 필요한 시간이었어요. 오랫동안 나에 대해 깊이 탐색한 후에야 나에게 진정으로 중요한 것이 무엇인지 알 수 있게 되더라고요.

인생이라는 길고 긴 길을 열심히 달리는 것도 중요하지만, 잠시 멈춰서서 경로를 재탐색해 보는 시간도 필요한 것 같아요. 지금 설정해 둔 목적지가 내가 진짜로 원하는 곳인지, 엉뚱한 방향으로 가고 있는 건 아닌지 점검해 보는 시간이요. 저의 진로 탐색에 대한 기록들이, 경로를 재탐색하려는 분들께 조금의 힌트가 되었으면 좋겠습니다.

1장.

경로를 이탈하셨습니다

스물넷, 대기업에 취직하다

'문송합니다'라는 말이 있다. '문과라서 죄송합니다'라는 뜻으로 문과 학생들이 겪는 극심한 취업난에 생긴 신조어라고 한다. 나는 고등학생 때부터 이미 이 현상을 알고 있었다. 피 터지는 취업 전쟁에서 성공할 자신이 없었기에 나름의 전략을 세웠다. 취직은 잘 되지만 사람들이 많이 가지 않는 전공을 선택하는 것. 그게 바로 기계과였다. 당시 우리 학교에서 기계과의 취업률은 모든 전공 중 1위였다.

전공이 기계과라고 말하면 사람들은 '네가 기계과를??' 하는 눈빛으로 쳐다봤다. 어떤 사람들은 "상담심리 전공인 줄 알았어~"라고 말하며 웃곤 했다. 스스로도 나에게 상담 전공이 잘 어울린다고 생각했지만 그게 기계과에 진학하지 못할 이유는 아니었다. 오히려 그런 말을 들을 때면 괜한 오기가 생겼다. '다른 사람들도 다 하는데, 내가 왜 못해?' 하지만 이 생각은 대학교에 입학한 후 처참하게 깨지게 되었다.

기계과 공부는 고등학생 때와 차원이 다르게 토가 나왔다. 공학 수학을 공부할 때는 노트에 한글보다 영어 글씨가 빼곡했고, 벚꽃 시즌은 물론 축제 기간에도 공부하고 실험하고 보고서를 썼다. 뭐 하나 쉬운 게 없었지만 나는 포기하지 않았다. 아니, 포기하기 싫었다. '여자가 기계과에서 버티기 쉽지 않지? 내 그럴 줄 알았다니까'라며 누군가 귓가에 속삭이는 것만 같았다. 이해가 안 되는 것은 달달 외우고, 선배들에게 수소문해 족보를 구하고, 원하는 결과가 나올 때까지 밤을 새워 가며 실험했다. 그렇게 한 학기가 지나고 받은 성적은 B+이었다. 그렇게 잘한 점수도 아니지만 또 그렇게 못 한 것도 아닌, 딱 중간의 그런 점수. 그런데 이상한 기분이 들었다. 마치 거짓말을 하는 듯한 기분이었다.

유체 역학 공식을 달달 외워 B+을 받았지만, 누군가 유체 역학에 대해 물어보면 대답할 수 없었다. 공학 수학을 달달 외워 B+을 받았지만, 한 달 뒤에 문제를 풀라고 하면 풀 수 없었다. 수강한 과목은 쌓여갔지만 진짜로 안다고 자신 있게 말할 수 있는 건 없었다. 다만 알 수 없는 부채감도 함께 쌓여갈 뿐이었다.

"이해하려고 하지 마. 점수만 나오면 되는 거지." 주변 친구들에게 물어봐도 원래 그런 거라고 했다. 다 이렇게 공부하는 거겠지? 무슨 말인지 이해가 안 되는 게 정상이겠지? 나만 이런 건 아니겠지? 맞아, 공부는 원래 힘들고 재미없는 거잖아, 다시 한번 나에게 되뇌었다.

그런데 가끔 비정상적인 친구들이 있었다. 알 수 없는 수학 공식을 증명하며 흐뭇한 미소를 짓고, 임베디드 언어로 로봇을 코딩하며 눈을 반짝였다. 뭐든 뚝딱뚝딱 해내는 상위 1%의 천재들. 그들은 뭔가 달랐다. 그 친구들을 볼 때면 내 거짓은 더 빨갛게 반짝거렸고, 나는 그것을 감추려 어떻게든 까만 글씨를 써 내려갔다. 손이 아플 때까지 몇 장이고 종이를 가득 채우다 보면 빨간 거짓이 조금은 덮어지는 것도 같았다.

그렇게 새까매진 마음을 들고 여러 회사에 지원을 했다. 운이 좋게도 자동차 회사에 장학생으로 합격할 수 있었다. 대학교 3학년 때였다. 다른 전공을 택했다면 대기업에 합격할 수 있었을까. 나조차도 믿을 수 없는 결과였다. 역시 기계과에 온 보람이 있어. 내가 옳은 선택을 했구나, 장하다 나 자신! 자동차에는 관심도 없었지만 그런 건 상관없었다. 이제 입사할 때까지 무사히 요건을 채우기만 하면 돼. 그러면 돼.

입사하기 위한 요건은 크게 어렵지 않았다. 자동차 관련 수업 이수하기, 자동차 동아리 활동하기, 인턴 1달, 학점 3.0 이상, 토익스피킹 140점 이상. 특별히 문제 될 건 없다고 생각했다. 그런데 문제는 예상치 못한 곳에서 발생했다. 첫 토익스피킹 시험에서 90점을 받아버린 것이다.

나는 어릴 때부터 영어를 못했다. 초등학생 때는 국어책이라고 친구들에게 놀림을 받을 정도였다. 고등학생 때도 아무리 공부해도 3등급에서 점수가 오르지 않았다. 그런데 고3때, 사교육보다 공교육을 중요시하겠다는 정부의 정책으로 EBS 교재 문제가 많이 출제될 거라는 소식을 들었다. 나는 EBS 교재를 모두 구매해서 몇 번이고 읽었다. 신기하게도 수능 날, 처음으로 영어 1등급을 받을 수 있었다.

그렇게 영어 1등급을 받았지만, 여전히 영어에 대한 자신감은 없었다. 그 점수가 진짜 내 것이 아니라는 생각이 들었기 때문이다. 그런 와중에 토익스피킹 90점을 받으니 더 불안해졌다. 진짜 내 실력이 이제야 드러났구나. 이제 예전처럼 거짓말로는 안 돼. 진짜가 되어야 해. 그런데 어떻게 해야 진짜가 될 수 있지?

포기하지 말고 공부하면 될 것이라 생각했다. 문제집을 사서 공부한 뒤 다시 시험을 봤다. 120점. 오, 30점이나 올랐네. 그래, 조금만 더 하면 될 거야. 몇 달 후 또 시험을 봤다. 110점. 응? 이럴 수가 있나? 그 뒤로도 몇 번의 시험을 봤지만, 점수는 110~120점 사이에서 움직이지 않았다. 시험 비용은 1회에 77,000원이었다.

영어 점수 제출 기한은 두 달 앞으로 다가왔다. 조급한 마음에 인터넷 강의까지 들었지만, 다섯 번째 시험의 점수는 또 110점이었다. 결국에는 서울에 있는 영어 학원에 등록해 매일같이 토익스피킹 공부를 했다. 학원에서는 템플릿을 주고 달달 외우라 했다. 여름방학 내내 영어 공부를 하고, 시험을 10번이나 본 끝에 겨우 140점을 취득할 수 있었다.

다행이야. 어떻게든 내 거짓말이 가려져서. 그래서 입사할 수 있게 돼서. 참 다행이야.

그렇게 3.5의 무난한 학점과, 대기업 합격이라는 빛나는 결과와, 새까만 마음으로 끈기 있는 대학 생활을 마무리했다.

입사 한 달 차의 퇴사 결심

나는 여전히 핸드폰을 잘 잃어버리고, 돌아서면 뭘 하려 했었는지 까먹곤 하는 매우 평범하고 살짝 부족한 사람이었다. 그런데 대기업에 합격하자 주변 사람들의 눈빛이 달라졌다. 부모님, 친척들, 교수님…. 주변의 어른들이 모두 아주 어른처럼 대우해 주곤 했다. 이제 진짜 어른이 된 건가. 잘 모르겠지만 그저 기뻤다.

또 다른 좋은 점은 친구들이 많이 생겼다는 것이었다. 공채로 입사한 나는 몇 달 동안이나 연수를 받았다. 그룹사 연수, 자사 연수, 연구개발본부 연수… 짧게는 일주일에서 길게는 한 달씩, 입사 동기들과 같이 연수원에서 생활했다. 모두 멋지고 잘난 친구들이었지만 동시에 다

정하고 웃겼다. 연수원 생활은 회사라기보단 학교, 아니 수련회 같았다. 다 함께 아침 6시에 일어나 구보를 하고, 왜 하는지 모를 공연을 준비했다. 눈길에 아이젠을 끼고 지리산 등반을 하고, 저녁이면 탁구를 쳤다. 이런 게 회사 생활에 도움이 될까 싶었지만 즐거웠기에 깊은 생각은 하지 않았다. 딱히 하는 일이 없는데도 월급을 준다는 사실이 감사할 따름이었다.

그런데 가끔 위화감이 들었다. 아이스브레이킹 퀴즈에서 자동차 헤드램프만 보고 어떤 차인지 맞히는 친구, 20년 뒤 미래를 적어보라는 말에 임원이 되겠다는 당찬 포부를 밝히는 친구, 자동차 관련 기사를 챙겨보는 친구들을 볼 때면 왠지 가슴이 갑갑했다. 나는 자동차에 관심도 없었고, 임원이 되는 것은 상상해 본 적도 없었다. 지금의 관심사는 그저 좋은 친구들, 한 달에 한번 들어오는 월급, 연수원의 맛있는 밥 정도였다. 그래도 뭐 어때, 즐거우면 됐지. 가끔씩 드는 생각은 고개를 흔들며 털어버렸다.

꿈결 같은 연수가 끝나고 부서 배치를 받았다. 인턴

때 경험해 본 부서였지만 여전히 이 부서에서 무슨 일을 하는 건지 알 수 없었다. 연구원이라는 사람들은 컴퓨터 앞에 앉아 PPT 혹은 엑셀을 수정하고 있었다. 아니면 무언가 잔뜩 켜져 있는 화면을 보며 전화를 하곤 했다. 차를 만든다는 건 좀 더 활동적인 일인 줄 알았는데, 회색의 사무실에서 차가 만들어진다는 게 신기했다.

얼마 지나지 않아 나도 컴퓨터 앞에 앉아 차를 만들 수 있게 되었다. 회사 일이라는 건 생각보다 공부할 게 많았다. 자동치 코드도 외워야 했고, 자동차 제작 프로세스도 외워야 했다. 각 프로세스마다 어떤 일을 하는지도 알아야 했고, 내가 맡고 있는 아이템이 어떻게 구성되어 있는지, 어떻게 만들어지는지, 어떻게 동작하는지, 어떤 로직을 갖고 있는지도 알아야 했다. 대학만 졸업하면 공부가 끝나는 줄 알았는데, 오히려 공부할 게 더 많아졌다. 하지만 공부보다 어려운 건 건 일에 대한 책임감이었다.

학생 때는 스스로 책임져야 할 게 없었지만, 이제 내 차종, 내 아이템에서 발생한 실수는 온전히 나의 책임이 되었다. 일정을 못 지켜도 내 책임이었고, 부품에 문제가 생겨도 내 책임이었다. 직장인으로서는 당연한 일이었지만 갓 대학생을 벗어났던 나에겐 너무나도 당황스러운 일이었다. 왜 이렇게 된 거지? 엄마 아빠가 취직한 다음에 하고 싶은 거 다 하라고 했는데. 입사만 하면 하고 싶은 걸 할 수 있는 자유를 얻을 줄 알았건만 그보다 더 큰 책임감이 나를 짓눌렀다. 나는 남들 놀 때 놀지도 못했는데. 대학교 축제 때도, 방학 때도 공부만 하며 고생했는데. 이제 한숨 돌리고 좀 쉬기도 하고, 본격적으로 놀아야 하는 거 아닌가? 놀기는커녕 갑자기 애가 일곱 딸린 가정의 가장이 된 것 같이 어깨가 무거워졌다.

배신감이 들었다. 왜 모두 나를 속인 거지? 대기업만 가면 행복할 거라고, 가서 하고 싶은 거 다 할 수 있을 거라 했잖아. 그런데 이게 뭐야. 36년 동안 답답한 회색 건물에 갇혀서 관심도 없는 자동차만 들여다보고, 하고 싶지 않은 회의를 하며, 내가 맡게 된 이 모든 일에 책임을 져야 하는 거야? 숨이 턱 막혔다. 그렇게 고생해서 달려온 곳이 이 회색의 건물이라니. 어디로든 도망가고 싶었다.

하지만 도망가기엔 저당 잡힌 것들이 많았다. 대학 생활을 하며 야금야금 쌓인 1,200만 원 가량의 학자금 대출과, 이제 대학생이 된, 그리고 대학을 준비하는 동생들도 있었다. 또 회사에서 장학금을 받은 바람에, 퇴사하면 그 장학금을 도로 뱉어내야 했다. 1년에 380만 원, 총 3번 받았으니 3년 동안은 꼼짝없이 돈으로 묶인 셈이었다.

이왕 이렇게 된 거 긍정적으로 생각해 보기로 했다. 힘들게 들어온 대기업인데 여기서 퇴사해 버리는 건 너무 아깝잖아. 3년 동안 돈도 모으고 경력도 쌓아서 스물일곱에 퇴사하자! 그래, 스물일곱이면 딱 좋은 나이지. 그때가 되면 이 회사를 디딤돌로 삼아 뭐든 새로 시작할 수 있을 거야!

3년.... 긴 시간이지만 또 어떻게든 버틸 수 있을 것이다. 난 끈기와 성실의 대명사, K-장녀니까.

지금까지 그래왔듯이. 내 엉덩이 힘으로.

대기업 직장인의 퇴사 준비

퇴사를 꿈꾸는 나에게 가장 중요한 시간은 한 달에 한 번, 가계부를 쓰는 시간이었다. 얼른 가진 빚을 청산하고 퇴사 후의 나를 위한 종잣돈을 모아야 했다. 다행히 나는 가난에 익숙했다. 퇴사하면 한동안 수입이 없을 테니, 퇴사 전까지도 가난한 마음으로 살아보기로 했다. 그렇게 나는 만 원 이만 원에 벌벌 떠는 대기업 직장인이 되었다.

대기업의 좋은 점 중 하나는, 소비를 0에 가까이 줄일 수 있다는 점이었다. 의, 식, 주를 모두 회사에서 해결할 수 있었다. 계절마다 근무복이 제공됐고, 연구소였기 때문에 복장이 자유로웠다. 대충 아무 옷에나 근무복을 걸

치면 공장 잠바 입은 연구원 중 하나가 되었다. 식사는 아침, 점심, 저녁 모두 회사에서 먹을 수 있었고, 가격은 아주 저렴하거나 무료였다. 집에서 통근할 수 없는 거리에 사는 직원에게는 기숙사도 제공됐다. 기숙사는 단돈 2만 원에 관리비도 없었다. 거기에 무료 셔틀버스, 회사 안에 있는 수영장과 헬스장, 의원... 정말 돈을 안 쓰고도 살 수 있는 구조였다. 나는 복지 책자를 매일같이 읽으며 받을 수 있는 모든 복지를 숙지했다. 그 결과 복지 챗봇처럼 동기들이 찾고 있는 모든 복지에 대해 알려줄 수 있었다. 그거 신청은 이 사이트에서 하면 돼. 1년에 한 번만 신청할 수 있어. 당첨 확률을 높이려면 이렇게 하는 게 좋아....

개인적으로 쓰는 돈도 0에 수렴하도록 꼭 쥐어짜냈다. 쇼핑에 취미가 없기에 가능한 일이었다. 꾸미는 것에 관심이 많던 여동생과 달리, 나는 어렸을 때부터 꾸미는 데 관심이 없었다. 옷은 남이 준 옷을 대충 주워 입었고, 화장품은 동생이 안 쓰는 것을 받아서 썼다. 다행히 동생과 퍼스널 컬러가 달라서 동생이 실패한 화장품들을 모두 획득할 수 있었다. 한번 손에 들어온 아이템은 신라 시대 유물이 될 때까지 지겹게 썼다. 동생이 준 립스틱을 5년 동안 쓰는 바람에 갖다 버리라고 잔소리를 들을 정도였다. 항상 긴 머리에 앞머리도 스스로 잘랐기 때문에 미용실도 1년에 한 번 정도 가곤 했다. 정말 안 쓰기에 최적화된 인간이었다.

이런 내가 유일하게 돈을 쓰는 곳은 여행이었다. 여행은 나에게 인공호흡기였다. 회사 생활이 벅차고 힘들어 숨이 끊길 것만 같을 때 비행기표를 끊으면 겨우 숨통이 트였다. 숙소를 잡고, 여행 날짜를 기다리는 동안은 그래도 회사를 다닐 수 있었다. 이 여행만 갔다 오면, 그리고 그 여행이 끝나고 나면 또 다음 여행만 갔다 오면…하고 버텼다. 여행지에서는 업무 전화가 오지 않도록 유심을 바꿔 끼었다. 새로운 유심을 장착하면 직장인이 아닌 새로운 자아의 내가 되는 것만 같았다. 휴가가 끝나면 다시 사무실로 돌아와야 한다는 건 변하지 않았지만 말이다.

물론 여행을 가면서도 항상 돈을 아꼈다. 매일같이 최저가 비행기를 검색하고, 힘든 비행도 마다하지 않았다. 20시간이 넘도록 경유하는 저가의 중국 항공사를 이용하기도 하고, 저렴한 항공권을 찾다가 영하 25도의 한겨울에 러시아 여행을 가기도 했다. 숙소도 항상 게스트하우스나 에어비앤비로 잡았고, 현지에서 장을 봐서 요리를 만들어 먹곤 했다. 적은 돈을 쓰더라도 여행은 언제나 즐거웠다. 몸을 힘들지만 더 다채로운 경험을 할 수 있다는 장점도 있었다. 여행은 내가 즐기는 유일한 사치였다.

 돈을 모으는 방법은 간단하다. 쓰지 않는 것. 당연히 말은 쉽지만 실천이 어렵다. 그럴 때면 내게 가장 중요한 것을 생각했다. 몸이 고생하는 것보다 싸게 더 많이 여행하는 게 중요했고, 꾸미는 것보다 미래의 나를 위해 돈을 모으는 게 중요했다.

 이렇게 끄적끄적 가계부를 적어 나가다 보면 행복해지곤 했다. 곧 돈을 모아 퇴사할 수 있겠지? 사무실에 앉아 있다가도 답답한 마음이 들면 다이어리에 숫자를 끄적였다. 올해 총 얼마를 모으고, 내년엔 총 얼마를 모으고…. 그럼 계획대로 3년 후에 퇴사할 수 있겠지? 그렇게 퇴사를 꿈꾸며 열심히 돈을 모았다.

싫어하는 일도 3년을 하면

차가 나왔다. 지난 3년간 온갖 고생을 다 하며 만든 차였다. 그동안 몇몇 차들을 만들긴 했지만, 기획 단계부터 양산까지 직접 해낸 차는 처음이었다. 디자인, 컬러, 조작감, LED 그리고 각종 법규들까지 어느 한 곳 손이 안 간 부분이 없었다. 매일같이 지겹게 본 차였지만, 보안 때문에 붙인 스티커나 가림막 없이 멀끔한 새 차를 보니 느낌이 이상했다. 매일 슬리퍼 찍찍 끌고 나오다가 어느 날 갑자기 쫙 빼입고 온 남자 친구를 본 듯한 기분이랄까. 그동안 일하면서 뿌듯하다, 보람차다는 감각이 없었는데 처음으로 내가 해낸 일을 누군가에게 자랑하고 싶었다.

내가 만든 차를 보고 있으니 3년 전의 나와 지금의 내가 사뭇 다르게 느껴졌다. 자동차에 관심이 없어서 BMW와 벤츠도 구분하지 못했고, 소나타와 그랜저의 차이점도 몰랐다. 그랬던 차알못이 이제 지나가는 차의 뒤꽁무니만 봐도 척하면 척하고 알게 되었다. 소나타, 그랜저만 구분하는 게 아니라 몇 세대 소나타인지, 페이스리프트가 된 건지, 혹은 N line인지까지 세세하게 알게 된 것이다. 버스를 탈 때면 지나가는 구름이나 푸른 나무들을 보기에 바빴던 내가 어느새 도로에 있는 모든 차량을 스캔하고 있었다. 저 차, 이번에 새로 나온 모델이구나. 이번에 좀 예쁘게 잘 빠진 것 같아. 저 차는 자율주행 기능이 별로 없어서 아쉬워. 그 와중에 제네시스가 지나가면 고객님 먼저 지나가시라고 길을 비켜드리곤 했다. 해외여행을 가도 길거리의 차들이 눈에 띄었고, 우리 회사 차가 지나가면 괜히 흥분하며 친구에게 무용담을 늘어놓곤 했다.

일이 어떻게 흘러가는지도 감을 잡게 되었다. 혼자서 가기 무서워했던 회의에도 혼자 가서 당당히 할 말을 하고 오고, 문제점 하나 잡히면 벌벌 떨던 품평회에서도 능청맞게 대처할 수 있었다. 어떤 말을 해야 하고 어떤 말을 하지 말아야 하는지 이제야 좀 알 것 같았다. 업무에 자신감이 생김과 동시에 권태감도 무섭게 차올랐다. 목소리는 점점 퉁명스러워졌고, 대답은 극도로 짧아졌다. 못해요, 안 해요. 회의를 시작하기도 전에 견적부터 냈다. 내가 사람들에게 물어보는 것보다 사람들이 나에게 물어보는 게 더 많아졌다.

하지만 변하지 않는 것도 있었다. 바로 내가 일에 대한 내 마음이었다. 일은 가끔은 보람차고 대체로 끔찍했다. 여전히 내가 하는 일의 의미를 몰랐다. 아침부터 저녁까지, 내 모든 20대를 바칠 만큼 중요한 일인가? 나에게 이 일은 여전히 의미 없는, 그리 중요하지 않은 일이었다. 그럼에도 불구하고 오래 했다는 이유 하나만으로 지나가던 차에 대해 모두 알게 되고 업무 프로세스를 이해하게 되다니. 놀라운 일이었다. 그리고 동시에 소름 돋는 일이었다. 좋아하지도 않는 일을 잘하게 된다는 것은 말이다. 하루 8시간, 3년 동안 매일매일 시간을 들이면 쌓인 시간만큼 실력도 느는 것은 당연한 일인데, 바보 같은 나는 이렇게 될 거라고 생각해 본 적이 없었다.

나는 단지 디딤돌이 필요했을 뿐이었는데. 이렇게까지 깊이 알고 싶은 건 아니었는데. 조금만 더 일하면 이 일에서 발을 빼지 못할 것 같다는 생각이 들었다. 조금이라도 빨리 퇴사해야겠다. 나의 소중한 20대를, 성실한 끈기를, 건강한 열정을, 내가 진짜로 원하는 곳에 쏟고 싶었다.

정말 퇴사할 수 있을까?

목돈이 묶였다. 퇴사할 시기가 다가왔는데 돈이 없었다. 돈 없이 퇴사할 수 있나? 스스로에게 질문을 던져 보니 절대 불가하다는 대답이 돌아왔다. 하고 싶은 일을 하려면 생활비도 필요하고, 교육비도 필요하다. 무작정 퇴사할 순 없었다. 이 상황이 답답하고 짜증났지만 한편으로는 안심이 됐다. 퇴사를 생각하면 두려웠기 때문이다. 회사에 다니면서 여러 가지 일을 시도해 봤지만 '직업'으로 삼을만한 일은 찾을 수 없었다. 재밌어 보였던 일은 막상 해보면 지루했고, 드는 노력에 비해 버는 돈은 적었다. '천직'이라든지 '딱 맞는 직업'이 하늘에서 뚝 떨어질 줄 알았는데…. 큰 노력과 적은 돈을 감당할 만큼 하고 싶은 일은 나타나지 않았다.

조금 더 솔직히 말하자면 자신이 없었다. 지금의 나는 일을 잘하든 못하든 이미 이 회사의 직원이었다. 퇴직시키기 힘든 한 명의 노조원이기도 했다. 내가 누리는 연봉과 복지는 시간이 지날수록 좋아질 것이었고, 그건 보장된 일이었다. 이렇게 내 앞에 펼쳐진 탄탄대로를 제 발로 박차고 나간다니. 정상인이라면 할 수 없는 일이었다. 지금 받고 있는 것들은 내가 받을 수 있는 대우 중 최상의 것이란 걸 너무나도 잘 알고 있었다.

각박하고 무서운 바깥세상에서, 다시 이 정도의 일자리를 찾을 수 있을까? 같은 직종으로 이직한다면 가능할 수도 있겠지만, 더 이상 공대 직무는 하기 싫은 나에게는 절대 불가능한 일이었다. 20대 후반에, 경력도 써먹을 수 없고, 다시 교육을 받아야 했다. 관련된 경험도 없는 나를 괜찮은 회사에서 써줄 리가 없었고, 간신히 어딘가에 정착한다고 하더라도 최저시급을 간당간당하게 넘는 연봉을 받게 될 게 뻔했다. 내가 가진 것들을 놓치기가 싫었다.

퇴사가 두려웠던 또 다른 이유는 입사할 때 가지고 있

던 나의 장점들이 희미해졌다는 것이었다. 과거의 나는 사람들에 대한 애정과 호기심으로 가득 찬, 그 누구와도 쉽게 친해질 수 있는 사람이었다. 그런데 이제는 먼저 다가가기는커녕 눈이 마주치면 얼른 피해버리기 일쑤였다. 회사 생활을 하며 터득한 스킬이었다. 말이 많을수록, 먼저 다가갈수록 내 정보가 노출됐고, 방긋방긋 웃을수록 만만해졌다. 시간이 지날수록 표정도 말도 없는 회색의 회사원이 되어갔다.

변한 이 모습이 이제 진짜 내가 되는 거라면, 회사 밖에서 뭘 할 수 있을까? 변화를 싫어하고 보수적이며, 사람들이 말 거는 걸 싫어하고 웃지 않는 사람이 나라면? 이제 과거의 나로 돌아갈 수 없다면? 내가 생각하는 나와 현실의 나는 점점 멀어져갔고, 그 간극에 퇴사 이후의 내가 상상되지 않았다. 세상에 대해 궁금한 것이 아무것도 없는데, 퇴사하면 뭘 할 수 있을까? 심지어 그렇게 좋아하던 여행마저 귀찮아졌다. 지금의 나에게 유일한 위로는 술자리뿐이었다. 알코올로 간이 적셔질 때면 그 모든 걸 잊고 채신머리없이 깔깔 웃게 되었다. 아무 생각도 없어지는 게 좋았다.

내가 이렇게 된 건 회사 탓이야. 맞아, 그래, 이 사회가 문제지, 우리는 아무 잘못 없어. 돈 때문에 회사 다니지 좋아서 다니는 사람이 어디 있냐. 난 그냥 열심히 살았을 뿐인데 왜 나를 속인 거야. 왜 이렇게 될 거라고 아무도 말해주지 않았어?

그렇게 하루하루 버티며 퇴사는 점점 흐릿해져갔다.

내 인생의 운전대는

진짜, 내년엔 꼭 퇴사할 거야. 습관처럼 말하던 중 코로나가 터졌다. 금방 지나가겠거니 생각했지만, 코로나는 순식간에 퍼져나가 일상을 빼앗아 갔다. 사람들은 집 밖으로 나가려 하지 않았다. 비행길은 모두 봉쇄됐고, 지하철 타는 것마저 두려워하게 됐다. KF95 마스크 품귀 현상에 약국에 줄을 서서 인당 2개씩 겨우 구매했고, 회사에서도 복지 차원으로 마스크를 배부했다. 가게들은 영업 제한과 인원 제한에 걸렸다. 매일같이 갖던 술자리도 더 이상 가질 수 없게 됐다. 술로 답답함을 겨우 풀고 있었던 나는 막다른 골목에 다다른 기분이 들었다.

서울에 살면 좀 낫지 않을까? 논밭 뷰가 펼쳐진, 연구소 앞 기숙사에 살고 있던 나는 서울에 살고 싶다는 생각이 점점 커졌다. 대학교 때 4년, 회사에서 4년. 총 8년 동안 기숙사 생활을 하며 '읍'에 살고 있던 나는 '서울특별시민'이 너무나도 되고 싶었다. 하지만 감히 서울로 이사를 갈 생각은 하지 못했다. 서울에 살고 싶다, 입버릇처럼 말만 할 뿐이었다.

"아~ 서울 살고 싶다."
"서울 살고 싶으면 서울 살면 되지."

입버릇처럼 한 말에 친구가 답했다. 하고 싶으면 하면 되지, 못할 이유는 없잖아? 생각해 보니 맞는 말이었다. 실제로 서울에서 출퇴근하는 사람들도 많았다. 비록 왕복 100km, 출퇴근 시간에만 3~4시간이 소요되겠지만 출근 버스 노선은 이용할 수 있었다. 다만 스스로 30분 거리의 쾌적한 출퇴근 길을 포기하지 못할 뿐이었다. 5평짜리 원룸을 구한다면 월세를 못 낼 것도 없었다. 단지 월 2만 원짜리 저렴하고 쾌적한 기숙사를 포기하지 못할 뿐이었다. 결국 서울에 살기 위해 필요한 건 단 한 가지, 나 자신의 허락이었다.

서울에 살지 못하는 이유는 오직 나 때문이라는 것을 깨닫고, 바로 서울에 집을 알아보기 시작했다. 보증금 500에 월세 40. 비록 산꼭대기에 있는 집이었지만 계약서에 도장을 찍는 순간 행복감이 몰려왔다. 주광빛 조명도 사고, 그릇도 샀다. 그동안의 생활비에 월세 40만 원만 추가될 것이라 생각했던 건 오산이었다. 매트리스, 그릇, 조명, 에어프라이어.... 필요한 것들을 하나하나 사다 보니 카드값이 눈덩이가 됐다. 그래도 좋았다. 날씨가 좋으면 남산타워가 손톱만 하게 보이는 나의 보금자리가.

그런데 결국 3개월 만에 서울특별시에서 시골의 기숙사로 다시 돌아갔다. 왕복 4시간의 출퇴근 시간 때문에 퇴근 후에 아무것도 하지 못했기 때문이다. 서울에 산다고 문화생활을 더 많이 할 거라는 것도 착각이었다. 서울에 사는 건 빠르게 포기했지만 후회하진 않았다. 하고자 하는 걸 해봤기에 미련이 없었다.

그동안은 나에게 결정권이 없다고 생각했다. 가고 싶지 않은 기계과를 가고, 관심도 없던 자동차 회사에 가고, 이 회사에서 고통받고 있는 건 모두 남의 탓이라 생각했다. 나는 시키는 대로 했을 뿐이잖아. 남들이 좋다는 대로 했을 뿐이잖아. 사회가 나를 이렇게 만들었잖아. 그렇게 남들이 말하는 대로 살다 보니 항상 힘들었다. 힘듦이 쌓이고 쌓여 풀리지 않는 자책이 되었고, 나는 스스로 피해자가 되었다.

그런데 그것도 모두 나의 선택이었구나. 남들의 시선에 따라 선택한 것도 결국엔 남들 눈에 잘 보이고 싶다는 마음을 가진 나의 선택이었다. 남들에게 있어 보이고 싶은 마음을 포기하면 다른 선택을 할 수 있었다. 선택권은 언제나 내 손에 있었다.

나는 이제 어린애가 아니었다. 20대 후반의 어엿한 성인이었고, 경제활동도 하는 독립된 개체였다. 스스로 선택하지 못할 일은 없었다. 단지 내가 나의 선택을 제한하고 있었을 뿐이었다.

아니, 사실은 책임을 지기 두려웠다. 나는 무슨 일이든 항상 다른 누군가의 허락을 받곤 했다. 회사 일을 할 때도 마찬가지였다. 누군가 이렇게 하는 거야, 이게 맞아, 이야기를 해줘야 그제야 그게 맞구나, 하고 생각했다. 스스로 책임을 지기 싫었다. 선배님이 이렇게 알려줬잖아요, 라고 말하고 싶었다.

"이거 이상하지 않아요? 확인해 봐야 할까요?" 내가 이렇게 질문하면 사수는 나에게 이렇게 말하곤 했다. "자유씨가 보기에 이상하면 이상한 거예요." 나는 왜 내 생각에 대한 확신이 없었을까. 내 눈에 이상하면 이상한 건데. 남이 어떻게 생각하든 내가 느끼는 게 나에게 있어서는 진실인 건데. 내 삶을 책임지기가 너무나도 무서웠다. 탓할 누군가가 없어지는 게 너무나도 두려웠다. 아무 잘못 없는 순백의 상태로 남고 싶었다. 잘못할 수도 있는 건데. 잘못을 해야 다음에 또 잘할 수 있는 건데.

내 인생의 운전대는 다른 사람이 잡고 있다고 생각했다. 내 옆에 앉은 사람, 내 뒤에 앉은 사람, 내 차에 탄 모두에게 내 인생의 방향을 물었다. 하지만 그 사람들은 언제든 내릴 수 있는 사람들이었다. 결국 운전대를 잡고 인생의 끝까지 가야 하는 건 나뿐이었다. 내 차에 탄 사람들이 가고 싶은 방향으로 가는 게 내 인생이 아니라, 내가 가고 싶은 방향으로 가는 것, 그리고 그 방향에 동참하는 사람들과 함께하는 것이 인생이었다.

까맣게 몰랐지만, 정말로 놀랍게도, 내 인생의 운전대는 이미 내가 잡고 있었다. 이 회사에 입사한 것도, 퇴사하지 못하는 것도 모두 내 책임이었다.

자동차보단 오후의 햇살이 좋아

자동차를 사기로 했다. 그렇지 않으면 버틸 수 없을 것 같았다. 회사는 경기도 외곽, 외진 곳에 있었고 나는 숨 쉴 구멍이 없었다. 답답한 마음이 들면 해외여행이라도 훌쩍 떠나곤 했는데, 코로나 때문에 어디론가 떠날 수도 없었다. 차라도 사면 좀 낫지 않을까? 코로나와 상관없이, 여기저기 돌아다닐 수도 있을 거야. 자동차 회사에 다니는데 차도 없이 4년을 지내다니 그것도 너무하잖아. 할인도 받을 수 있는데. 그냥 작은 차나 하나 사버릴까. 빚을 어느 정도 갚고, 통장에 돈이 조금씩 쌓여갈 때였기에 충동이 더 심해졌다. 매달 올라오는 판촉차를 확인했다. 새 차보다 훨씬 싸게 살 수 있는 차였다. 정말로 신청할지 고민하고 있을 때, 문득 이런 생각이 들었다.

'1800만 원짜리 차를 사는 게 나을까, 1800만 원어치 내 시간을 사는 게 나을까?'

차가 없어도 내 시간을 갖는다면 행복할 것 같았다. 당시 쓰던 생활비는 월 60만 원 정도였다. 1800 나누기 60은 30. 30개월이면 2년 6개월이었다. 보수적으로 월 100만 원씩 쓴다고 해도 18개월, 1년 6개월이었다. 자동차를 사는 것보다 20대의, 젊은 날의 내 시간을 사는 게 더 낫지 않을까? 다신 돌아오지 않을 시간인데.

자동차 구매 플랜은 뒤로 하고 다시 퇴사 플랜이 작동됐다. 비록 현금은 얼마 없었지만 퇴직금까지 합치면 나름대로 괜찮을 것 같았다. 자발적 퇴사라 실업급여를 받지 못하는 게 아쉽지만, 몇달 후 있을 성과급과 설 급여까지 모두 챙기고 퇴사하는 건 어떨까 싶었다. 이대로 내 30년을 이곳에서 썩게 만들 순 없었다. 영혼 없이 몸만 왔다 갔다 하는 게 아니라, 원하는 일을 하며 반짝이며 살고 싶었다. 그래, 아직 20대잖아. 할 수 있어.

무언가를 포기해야만 다른 무언가를 얻을 수 있다. 대

기업을 다닌다는 명예, 높은 연봉, 좋은 동료들. 그것을 뺀 빈 공간을 나는 나로 채우기로 했다. 자동차를 사는 대신 오후의 찬란한 햇살을 사는 거야. 내 인생을 위해 대기업을 포기하기로 했다.

 스물아홉, 처음으로 경로를 이탈해 보기로 했다.

잠시 시동을 끄고

쏟아지는 햇볕에 눈을 떴다. 기숙사는 시간이 멈춘 듯 고요하다. 아침 10시. 기숙사에 사는 동기들은 모두 모두 출근하고, 바깥에선 새가 지저귀는 소리만 들린다. 눈을 껌뻑이며 침대에 누워 있다. 얼핏 보면 그냥 휴가를 쓴 사람 같지만, 아니다. 나는 어제 마지막 출근을 한, 갓 퇴사한 퇴사자이다.

한번 결심하고 나니 퇴사는 어렵지 않았다. 퇴사 의사를 밝히고, 퇴사 면담을 했다. 회사 사람들은 처음에는 내 퇴사를 말렸고, 그다음엔 회유했고, 마지막엔 부러워했다. 퇴사 의사를 밝힌 지 한 달, 짐을 싸고 자리를 정리하고 사람들에게 마지막 인사를 했다. 그리고 가벼운 발걸음으로 회사 밖으로 나왔다.

그렇게 마지막 퇴근을 했지만, 아직 나는 기숙사에 있다. 휴가가 남아있었기 때문이다. 남은 연, 월차를 소진하는 시간. 출퇴근은 하지 않고 더 이상 업무 연락도 오지 않지만 아직 회사에 소속되어 있었다. 덕분에 기숙사에도 남아있을 수 있다. 온전한 나만의 공간. 심지어 기숙사 식당에서 주는 밥도 먹을 수 있다. 나에게 주어진 복지를 마지막 한 방울까지 꼬옥 짜서 누린다.

확실히 평소 월차를 쓰고 쉴 때와 느낌이 달랐다. 길게 해외여행을 갈 때와도 다르다. 퇴근 후에도 휴가 중에도 시시때때로 나를 괴롭히던 업무 스트레스로부터 해방되었기 때문이다. 아무 생각 없이 쉬는 게 얼마 만일까? 죽은 듯 잠을 자고, 일어나고 싶을 때 일어났다. 자고, 일어나고, 당근으로 물건들을 팔고, 자고, 일어나고, 짐을 싸고. 이런 일상이 계속됐다.

퇴사 후 세계여행을 가고 싶은 로망도 있었지만 코로나 때문에 나갈 수 없는 상황이었다. 하지만 솔직히, 어딘가로 떠나도 더 이상 기쁘지가 않았다. 나는 그냥 이런 시간을 원해왔다. 나와 함께 하는, 나를 회복하는 시간.

고등학생 때도, 대학교 때도. 이렇게 쉬었던 적이 있었을까. 항상 뭔가를 하기 바빴다. 대학을 가기 위해, 취직을 하기 위해 방학 때도 알바를 하고, 스펙을 쌓았다. 그 시간들이 모여 지금의 내가 되었겠지만 이제는 더 이상 쌓고 싶지 않았다. 그저, 비우고 싶었다.

이 시간이 나의 마지막 20대에 바치는 선물 같았다. 회사의 울타리 안에서 월급을 받으며, 회사가 주는 마지막 사치를 누렸다. 다가올 미래는 모르겠지만, 늘어진 테이프처럼 느긋하게 하루하루를 향유했다.

2장.

사고 다발 구간입니다

방구석 백수의 꿈은

덜컹 덜컹. 집으로 향하는 지하철 안. 평일 낮의 지하철은 한가롭다. 사람들은 드문드문 앉아 있다. 저 사람들은 다 무슨 일을 하는 사람들일까? 어떻게 이 시간에 지하철을 타고 있을까? 출장을 가는 사람, 대학생, 아니면 나처럼 그냥 백수? 세상엔 다양한 일들이 많다는데, 내가 아는 직업은 너무나 한정적이다.

그래, 직업. 모르는 직업이 많아서 하고 싶은 일을 못 찾는 걸까. 하고 싶은 일을 찾아 떠나겠다며 호기롭게 퇴사했지만, 정작 내가 무슨 일을 하고 싶은지 모르겠다. 퇴사하면 하고 싶은 일이 '짜잔' 하고 나타날 줄 알았건만. 나는 퇴사 전이나 후나 똑같은 나일 뿐이었다.

방구석 백수, 즉 아무런 목적 없이 놀고먹는 나는 어른들의 표적이 되기 딱 좋았다. 엄마는 전문직 시험을 준비해 보라 하고, 고모는 공기업을 넣어보라 했다. 스물아홉. 신입으로 들어갈 수 있는 마지막 나이라나. 그냥 웃어넘길 때도 있었지만 내가 하고 싶은 건 그게 아니라며 반박하기도 했다.

"그럼 뭘 하고 싶은데?"
"나, 작가. 유명한 사람이 되고 싶어."
라고 하면 엄마는 말했다.

"작가 그건 아무나 하는 건 줄 알아, 뭐가 된 사람이나 하는 거지. 오랫동안 한 분야에서 일한 사람이 작가가 되는 거야."
"하긴... 그렇긴 하지. 내가 어떻게 작가가 되겠어."

작가는 내가 생각해도 오버였다. 나는 글도 잘 못쓰고, 이렇다 할 능력도 이력도 없으니까. 그럼 내가 되고 싶은 건 뭐지? 책상 앞에 앉아 하고 싶은 걸 적어보기도 했지만, 마땅히 답이 나오지 않았다.

여행 작가, 사진 작가, 웹툰 작가, 파티플래너, 사서, 상담사. 현실적인 꿈이 이렇게 없을까. 내가 하고 싶은 일은 돈이 안 되는 일뿐이었다. 엄마의 꿈도 살짝 끼워 넣어봤다. 감정 평가사.

그런 거 말고, 내가 진짜 원하는 건 뭐지? 아무리 고민해도 답이 나오지 않았다. 그래, 나는 사실 별로 일하고 싶지 않은 것 같아. 일 안 하고 노는 게 내 적성인가 봐. 그럼 내가 돼야 하는 건... 돈 많은 백수. 아니지, 조금 일하고 적당히 벌고, 남는 시간엔 하고 싶은 일을 하는 사람. 돈도 돈이지만, 시간이 많은 시간 부자가 되고 싶었다. 그러려면 어떻게 해야 할까?

핸드폰 속의 세상에는 돈 버는 법이 넘쳐났다. 유튜브를 켜면 너도나도 월 천만 원을 벌 수 있다고 한다. 온라인마케팅, 스마트스토어, 전자책, 주식, 부동산, 인플루언서.... 나만 모르는 비법이 있는 걸까? 정말 하루에 2시간만 일하고 한 달에 300만 원씩 벌 수 있을까? 이렇게 많은 방법이 있는데, 내가 몰라서 못하고 있는 걸까? 그럼, 나도 해보면 할 수 있지 않을까?

두 시간만 일하고 나머지 시간에는 여행하며 즐긴다니, 상상만 해도 행복했다.

지이잉. 핸드폰이 울린다. 70,850원 출금. 뭐지? 따뜻하고 평화로운 여행지에서 현실로 급하게 돌아온다. 은행 어플을 켜서 출금 내역을 확인한다. 얼마 전에 명세서가 왔던 건강보험료였다. 회사에 다닐 때는 신경 써본 적 없었는데, 퇴사를 하니 나라에서 자꾸 돈을 내라고 한다. 국민연금에서도 10만 원을 내라길래 납부예외 신청을 했다. 회사 다닐 때 내가 낸 돈이 얼마인데, 10년을 안 채우면 국민연금도 돌려받지 못한다니. 그건 그렇고 건강보험료는 어떻게 해야 하지. 매달 내기엔 부담스러운데…. 핸드폰을 켜고 초록 창에 글자를 입력한다. "퇴사 후 건강보험". 버는 돈도 없는데 이것저것 내라니. 백수에게 세상은 참 가혹하다. 다시 한번 돈 많은 백수가 되어야겠다고 생각하고 유튜브 창을 열어본다.

[이거 모르면 100% 후회합니다. 월 1,000만 원 벌게 해준 단 하나의 방법!]

블로그로 월 삼천

3,411원. 5개월 동안 번 돈이다. 누군가는 무시할 수 있는 금액이겠지만 나에게는 아주 소중한 돈이었다. 블로그를 해서 번 돈이었기 때문이다. 하루에 1원, 2원 모아 어느새 삼천 원이 넘는 돈이 되다니! 근데 이걸 어떻게 받을 수 있는 거지? 검색해 보니 5만 원 이상이어야 출금이 가능하다고 했다. 그 이하의 금액은 네이버페이로 전환할 수 있다나. 한푼 한푼 모은 돈 3,411원 중 3,400원을 전환 신청했다.

기분이 좋으면서도 의구심이 들었다. 이렇게 해서 정말, 먹고 살 만한 돈을 벌 수 있는 걸까?

처음 블로그를 시작한 건 퇴사한 지 얼마 지나지 않아서였다. 퇴사 후 시간들이 그냥 흘러가는 게 아까웠다. 어디에라도 내 흔적을 남겨야겠다는 생각이 들었다. 퇴사 후의 심정에 대해서도 쓰고, 앞으로 하고 싶은 일에 대해서도 썼다. 누가 볼지 모르는 곳에 솔직한 이야기를 쓰는 것은 많은 용기가 필요했다. 과연 어떤 사람이 내 글을 읽을까, 설레고도 두려운 마음으로 '발행'을 눌렀다.

글을 올린 지 30분이나 지났을까, 블로그 알림이 지이잉 왔다. 누군가 댓글을 달았다는 알림이었다. 누가 내 글을 보고 댓글을 남겼을까? 글이 인상적이었을까, 아니면 공감이 됐을까? 떨리는 손으로 '댓글 보기'를 눌렀다.

[ID 무교동 세탁왕 : 들렸다 갑니다. 즐거운 하루 보내세요.]

댓글을 보자 맥이 탁 풀렸다. 답글을 남겨야 하나? 살짝 고민하다가 그냥 핸드폰 화면을 껐다. 누가 볼까 차마 못 쓴 이야기도 있는데, 자의식 과잉이었나보다. 그냥 미래의 나를 위해 썼다고 생각해야지.

그런데 몇 분 지나지 않아 또 알람이 울렸다. 새로운 댓글 알람이었다. 혹시나, 하는 마음으로 다시 블로그에 들어가 봤다.

[ID 수필 멋쟁이 :

글 잘 읽고 갑니다~

시간 되시면
따뜻한 수필 한편
읽고 가세요~

순수 창작 작품입니다.]

내 글에 대한 이야기 한 줄, 자기 수필에 대한 이야기 네 줄. 그래도 댓글을 남겨준 성의를 봐서 수필 멋쟁이 님의 블로그에 들어가 보았다. 엄마 감성의 꽃 사진으로 가득한 블로그가 눈에 들어왔다. 다시 핸드폰 화면을 끄고 침대에 누웠다. 더 이상의 알람은 울리지 않았다.

그 이후로 블로그에 내 이야기는 쓰지 않았다. 대신 괜찮은 정보가 있으면 글을 쓰곤 했다. 읽은 책에 대한 후기나 국민연금, 건강보험에 대한 이야기, 괜찮은 파킹통장에 대한 글, 맛있게 먹었던 음식점 리뷰 따위를 썼다. 확실히 내 이야기를 쓸 때보다 조회수가 높았고, 또 댓글도 많이 달렸다. 글에 다 쓰여있는 내용을 다시 물어보는 댓글도 많았지만 말이다.

그러다 어느 날 블로그 이웃분이 블로그 무료 강의를 스크랩한 걸 봤다. 블로그로 돈 버는 법? 무료라니 나도 한번 들어볼까? 그 글을 스크랩하고, 스크랩한 주소를 댓글로 남기고, 설문지에 내 정보를 남겼다. 그리고 줌 강의 링크를 받았다.

무료 강의였지만 몰랐던 내용이 많았다. 네이버 검색 로직에 대한 설명, 키워드에 대한 설명, 그리고 돈을 벌 수 있는 방법들에 대한 설명이 이어졌다. 블로그 조회수로 돈을 벌기는 쉽지 않다고 했다. 글에 광고를 붙일 수 있는 애드포스트로는 일 1,000 방문자가 되어도 5만 원 남짓 들어올 뿐이라고 했다. 그 외에 체험단이나 기자

단, 제휴 마케팅이나 공구 등의 방법을 알려줬지만, 하고 싶다는 마음이 드는 건 없었다.

강사는 블로그로 돈을 벌려면 자신만의 상품이 있거나, 네이버 블로그가 아닌 티스토리 블로그를 해야 한다고 설명했다. 티스토리 블로그도 글을 좀 쓴다고 돈을 벌 수 있는 게 아니었다. 돈을 번다는 사람들은 하루에도 몇 개씩 포스팅을 했다. 하루에 여러 글을 포스팅하는 방법도 신박했다. 실시간 검색어를 골라잡아 뉴스에 나온 내용을 조합해서 쓴다든지, 드라마나 예능을 보며 실시간으로 글을 쓴다는 거였다. 그렇게까지 기계적으로 포스팅을 한다니. 저 정도는 해야 블로그로 돈을 버는구나 싶었다.

나는 실시간 이슈에도 관심이 없고, TV 프로그램에도 관심이 없었다. 관심 없는 내용을 하루 종일 지켜보며 그것에 대한 글을 쓸 자신이 없었다. 좋아하는 게 뚜렷하지 않으면, 그리고 그 주제가 상품성이 있지 않으면 이것도 힘들겠구나, 하는 생각이 들었다.

강사는 더 중요한 정보를 듣고 싶으면 30만 원을 결제하라고 했다. 아무래도 블로그 글로 돈을 버는 건 나랑 맞지 않는 것 같다는 생각이 들었다. 나만의 상품을 만드는 게 더 경쟁력이 있지 않을까? 마침 전자책으로 돈을 번다는 사람이 많았다. 너도나도 전자책으로 월 천만 원을 번다고 했다. 나도 전자책을 써볼까? 다시 유튜브 창을 열어 전자책을 검색했다.

[자면서 돈 버는 전자책 만들기! A부터 Z까지 다 알려드려요!]

어디든 들어갈 수 있는 사람

'J 모텔'. 지도 어플엔 생소한 목적지가 찍혀있다. 사람들이 네모난 건물에서 우르르 쏟아져나오는 점심시간의 초입, 모텔로 향하는 바쁜 발걸음이 왠지 부끄럽다. 한 손에는 보냉 가방, 다른 손에는 핸드폰을 들고 열심히 걷는다. 보냉백 안에는 음료가 들어있다. 딸기 라떼 한 잔과 뜨거운 아메리카노 한 잔. 차가운 음료와 뜨거운 음료를 같이 포장해 주는 바람에 보냉백에 넣는 게 무슨 의미가 있나 싶었지만, 일단은 고이 넣고 지퍼를 닫았다.

 지도를 보며 걷다 보니 자주 가던 은행이 있는 건물 앞에 도착했다. 오, 이 건물 5층에 모텔이 있었구나. 엘리베이터 앞에 서있자니 복잡한 생각들이 떠올랐다. 어떻게 들어가야 하지? 프론트에 사람이 있으려나? 그냥 모른 척 들어가면 되나? 여러 가지 고민이 떠올랐지만 일단 손을 움직여 5층 버튼을 눌렀다.

띵동, 문이 열리니 어두운 조명의 인테리어가 눈앞에 펼쳐졌다. 점심시간이라 그런지 프론트엔 아무도 없었다. 다행인 건가. 벽에 표시된 번호를 따라 방을 찾아갔다. 516호, 516호.... 모텔 복도는 미로같이 꾸불꾸불 이어졌다.

그렇게 길을 찾아가다 516호를 발견했다. 보냉가방을 열고 음료를 주섬주섬 꺼내 문 앞에 뒀다. 그리고 음료와 문이 보이게 사진을 찍고 벨을 눌렀다. 문 안쪽에서는 여자와 남자의 목소리가 들렸다. 곧이어 남자가 나오는 듯한 소리가 들렸다. 마주치면 민망할 것 같아 문이 열리기 전에 도망치듯 모텔을 빠져나왔다. 나오는 길에 핸드폰 화면을 켜 '전달 완료' 버튼을 눌렀다. 핸드폰 화면엔 기쁜 얼굴의 캐릭터와 함께 내가 번 돈이 표시됐다.

'배달료 3,300원. 빠르고 안전하게 배달해 주셔서 감사합니다.'

그렇다. 나는 배달 아르바이트를 하고 있었다. 자동차나 오토바이, 자전거도 아닌 걸어서 하는 도보 배달. 이걸 시작하게 된 이유는 간단했다. 집에만 있으니 움직일 일도 없고, 산책하는 겸 용돈이나 벌어볼까 싶은 마음이었다. 아니, 사실은 더 큰 목적이 있었다. 이 일을 소재 삼아 전자책을 쓰겠다는 원대한 목적이...!

전자책으로 돈을 벌 수 있다는 말에 유튜브 영상을 몇 개 찾아보았다. 그렇게 어려워 보이지 않았다. 몇몇 전자책을 직접 구매해 보기도 했다. 퀄리티가 말도 안 되게 낮았다. 이 정도는 나도 하겠는데? 아니, 이거보다 훨씬 잘할 수 있을 거라는 생각이 들었다.

만드는 건 쉬울 것 같은데, 주제를 잡는 게 어려웠다. 전자책을 쓰려면 남에게 알려줄 만한 것이 있어야 하는데, 아무리 생각해 봐도 생각나지 않았다. 유튜브에서는 가장 오랫동안 해온 일을 주제로 전자책을 쓰라고 했다.

5년 동안 했던 자동차 설계에 대해서 알려주는 걸 상상해 봤다. 보안 사항이 많아 알려줄 수도 없지만 애초에 회사 일은 다시 생각하기도 싫었다. 누군가는 나에게 대기업 취직하는 법에 대해 써보라 했다. 하지만 나는 취직하는 법을 몰랐다. 대학교 3학년 때 조기 취업을 한 탓에 사실상 취업 준비를 해본 적이 없었기 때문이다. 남에게 가르쳐줄만한 게 이렇게 없나...? 곰곰이 생각하다가 발견한 게 배달이었다.

아무래도 돈 벌기 관련된 전자책이 판매가 잘 됐다. 그리고 마침 한창 코로나 시기라 배달의 수요가 폭발적으로 증가할 때였다. 배달로 돈을 버는 사람도 많았다. 어떤 사람은 대기업을 퇴사하고 배달만으로 대기업 월급을 번다고 했다.

저 사람도 하는데, 나도 할 수 있지 않을까? 안 그래도 집에만 있어서 답답한데, 0부터 시작하는 나의 모습을 기록해 보는 건 어떨까? 초보가 왕초보를 가르치는 시대니까! 직접 배달을 해보고 그 내용으로 전자책을 쓰는 거야. 전자책을 만들면서 전자책 만드는 법에 대해서도 기록을 남기고, 그것도 책으로 내는 거지. 나중엔 출판사도 창업하고 말야! 꿈은 걷잡을 수 없이 커졌다. 상상 속의 나는 어느새 많은 사람들의 책을 만들어주는 출판사 사장이 되어있었다.

 그렇게 가벼운 마음으로 배달 아르바이트를 시작했다. 그리고 작은 것까지 하나하나 모두 기록했다. 어플을 다운받는 방법부터, 회원 가입, 추천인 입력, 안전 교육, 첫 배달까지. 첫 배달은 아주 엉망진창이었다. 그래도 추운 겨울, 밖으로 나가 1만 보를 걸었다는 게 뿌듯했다. 2시간을 넘게 걷고 번 돈은 고작 7,700원이었지만 말이다.

 그 이후로도 점심시간마다 배달을 하러 나갔다. 다녀오면 배달 갔다 온 장소, 거리, 금액, 소감까지 모두 정리해서 적어 놓았다. 그리고 블로그에도 도움이 될 만한 내용을 하나하나 업로드했다. 그렇게 한 달 동안 배달을 했다. 직접 걸어서 번 돈에 추천인 코드, 첫 배달 보너스 등 추가로 받은 돈을 더하니 30만 원이 넘었다. 큰 돈은 아니었지만 회사 밖에서 이 정도 돈을 벌어 본 건 처음이었다. 이제 이걸 정리해서 전자책으로 만들기만 하면 된다.... 전자책을 팔아 돈을 벌 생각을 하니 가슴이 두근거렸다.

나 혼자 전자책 만들기

강렬한 빨간색 테두리 안에 회사원처럼 보이는 사람들이 주먹을 불끈 쥐고 있다. 사람들 위로는 크고 두꺼운 글씨가 존재감을 드러낸다.

[산책하고 월 30 벌기]

'월 30'이라는 글자는 테두리와 같이 열정적인 빨간색으로 적혀있다. 흠, 이 정도면 괜찮나? 엄청 괜찮은 것 같은데. 어떻게 내 책과 이렇게 딱 맞는 이미지를 찾았을까? 나 자신이 대견하다.

책을 만들 때 해야 할 일은 생각보다 굉장히 많았다. 글만 잘 쓰면 될 줄 알았는데, 그냥 글만 쓴다고 되는 게 아니었다. 디자인, 유통, 홍보까지 혼자서 다 해내야 했다. 그 중 첫 번째 난관이 바로 표지 만들기였다.

책을 읽는 건 좋아했지만, 표지가 어떻게 구성되어 있는지 유심히 본 적은 없었다. 그냥 예쁘면 예쁘다, 끌리면 끌린다 생각하고 책을 골랐을 뿐이다. 다른 허접한 전자책들을 보면서 내가 저것보단 잘 만들겠다 생각했지만 막상 만들어보니 나도 그 정도 수준밖에 만들지 못했다. 고민 끝에 발견한 게 디자인 플랫폼, 미리캔버스였다.

'책 표지'라 검색하니 몇몇 이미지들이 주르륵 나온다. 그중 내 책과 이미지가 맞는 표지를 골라 조금 수정하기만 하면 된다. 무료 디자인이라 엄청나게 좋은 퀄리티는 아니지만, 혼자 하는 것보다는 훨씬 괜찮은 표지가 만들어졌다. 참 좋은 세상이다. 이렇게 손쉽게 디자인을 할 수 있다니!

그렇게 만든 이미지를 저장해 워드 첫 장에 배치해 본다. 제법 책 같은데? 뿌듯한 마음으로 주르륵 한번 읽어본다. 워드로 23페이지. 배달 어플에 가입하는 법부터, 준비물, 배달 방법, 꿀팁까지 많은 정보를 담았다. 좋은 보냉 가방을 추천하고 싶어 여러 개의 보냉 가방을 사서 직접 써 보기도 하고, 이름만 들어도 머리 아프던 산재 보험료, 고용 보험료, 세금 등을 공부해 쉽게 풀어서 쓰기도 했다. 내용은 나름대로 만족스러웠다. 하지만 그다음 관문이 기다리고 있었다. 바로 가격 설정이었다.

내가 쓴 책의 가격을 내가 정한다는 건 참 어려운 일이었다. 특히 전자책의 가격은 천차만별이었다. 십만 원이 넘는 높은 가격대부터, 무료 전자책까지 아주 다양했다. 얼마를 받아야 할까? 삼만 원? 만 오천 원? 아니면... 칠천 원? 배달 한번 하면 추천인 보너스로 2만 원이 들어오고, 배달비도 한 번에 3천 원은 넘는데, 만원은 넘어도 되지 않을까? 아냐, 그래도 배달해서 돈 벌려는 사람들한테 너무 많은 돈을 받는 건 좀 아닌 것 같아. 그리고 사실 검색하면 다 나오는 정보들이잖아. 내 블로그에도 쓰여 있는 글이고. 이거를 돈 받고 파는 게 맞는 걸까?

가격을 입력하려고 하니 급 자신감이 떨어졌다. 3,300원? 아니, 2,700원? 아니…. 1,800원? 그래, 돈 벌자고 하는 것도 아닌데, 학생들도 부담 없이 볼 수 있게 1,800원으로 하자. 아니, 돈 벌자고 시작했던 거잖아? 그렇긴 한데…. 비싸게 파는 건 왠지 양심에 찔렸다. 결국 1,800원에 극적인 합의를 봤다.

디자인과 가격 설정까지 끝났다. 이제 어디에 팔지를 정해야 했다. 블로그에서 팔아도 되고, 크몽같은 지식판매 사이트에서 판매해도 된다. 하지만 왠지 그런 곳에서 파는 건 진짜 '책' 같은 느낌이 들지 않았다. 교보문고나 알라딘 같은 대형 서점에서 책을 팔고 싶었다.

찾아보니 대형 서점에 유통하려면 출판사가 있어야 한다고 했다. 꼭 출판사를 직접 만들지 않아도 출판을 대행해 주는 사이트들도 많았다. 그런데 대행 사이트에 들어가보니 수수료가 꽤나 셌다. 별로 하는 것도 없는 것 같은데 수수료를 이렇게 많이 떼어가다니. 그냥 내가 출판사를 만들어보는 것도 괜찮겠다는 생각이 들었다.

출판사 만드는 법을 검색해보니 그렇게 어려워보이지 않았다. 구청에 가서 신고하면 된다고 했다. 구청.... 집에서 멀지도 않은데, 한번 해볼까? 하는 생각이 들었다. 그렇게 나의 인생 첫 창업이 얼렁뚱땅 시작됐다.

어쩌다 사장

"창업 축하드려요!"

서글서글한 인상의 남자가 나를 보고 웃으며 치약 세트를 건넨다. 창업 선물이라고 했다. 어쩜 이렇게 성격이 좋지. 기업 창구 은행원은 역시 다른 걸까.

태어나서 처음으로 은행의 기업 창구에 왔다. 사업자 통장을 만들라는 조언을 블로그에선지 유튜브에선지 봤기 때문이다. 오늘 막 발급받은 사업자 등록증을 들고 은행으로 향했다. 오후 2시의 은행에는 사람이 바글바글했다.

1시간은 기본으로 기다리겠네, 생각하고 대기표를 끊으러 갔다. 어떤 업무를 보실 거냐고 물어보길래 사업자 통장을 만들 거라 했다.

직원분은 웃으며 "아, 기업 업무는 2층으로 가시면 돼요." 하고 안내해 줬다. 기업 업무라니. 대단한 CEO라도 된 것 같았다. 2층으로 올라가니 바글거리던 사람들은 없었고, 대기자도 몇 되지 않았다. 오, 역시 사장님들이 오는 곳은 다른가. 기다리는 사람들도 왠지 다들 멋져 보였다.

핸드폰으로 사업자 통장 관련 내용을 찾아보면서 순서를 기다렸다. 조금만 기다리면 내 순서가 되겠지, 생각했지만 앞의 기업들의 상담은 30분째 이어졌다. 결국 1시간 가까이 기다려 창구 직원분을 마주할 수 있었다.

통장을 만드는 간단한 업무였지만 시간이 오래 걸려서 이것저것 이야기를 했다. 아무 준비도 되지 않은 창업이었지만 직원분이 질문을 할 때면 그럴듯한 대답을 내놓았다. 직원분은 계속 생글생글 웃으며 업무를 처리해 주었다. 떠날 때는 'OO은행'이라 쓰여있는 치약까지 선물로 받았다. 시작을 응원받는 느낌이 따뜻했다.

이것저것 서류들을 받아 들고 집에 도착해 침대에 누웠다. 뜬금없이 사업자 등록을 하다니…. 갑자기 불안감이 몰려왔다. 출판사는 면세사업자라고 하던데, 면세사업자랑 일반 사업자는 무슨 차이지? 세금은 어떻게 처리해야 하지? 사업자 통장으로 뭘 해야 하지? 뒤늦게 현실적인 고민들이 몰려왔다. 침대에 누워 유튜브에 검색을 해본다. '면세사업자 세금 처리' 영상들을 하나하나 틀어보지만 대체 무슨 말인지 알 수 없었다. 세금계산서, 매입 세액, 종합소득세, 단순경비율, 장부 작성, 비용처리…. 보면 볼수록 머리가 복잡해졌다. 이거 내가 할 수 있는 일 맞나?

벌떡 일어나 책상 앞에 앉았다. 어차피 세금이야 돈을 벌어야 내는 것 아닌가. 일단 서점에 계약 메일을 보내보기로 했다. 서점 홈페이지에 들어가서 맨 밑에 있는 주소로 메일을 보내면 된다고 했었지. 서점 홈페이지를 들락날락하며 메일을 하나씩 보냈다.

[전자책 신규 거래 요청드립니다]

 다섯 군데의 메인 서점에 메일을 보내고 나니 뭔가 해냈다는 뿌듯함이 올라왔다. 그리고 세금 관련해서 검색을 하다가 동네의 창업 지원센터를 찾아냈다. 무료로 창업 관련된 강의들을 해준다고 했다. 신청할 수 있는 강의를 살펴보다 몇몇 강의에 수강 신청을 했다. 디자인씽킹 강의, 사업계획서 멘토링, 스타트업 피치덱 기획 강의…. 진짜 사업을 하는 것 같잖아! 창업 관련 강의도 듣고, 또 서점과 정식으로 계약할 생각을 하니 정말로 멋진 사장이 된 것만 같았다.

갑자기 서점을 하고 싶다고?

5평 남짓 되는 작은 공간. 따뜻한 원목 재질의 책장들이 공간을 채우고 있다. 책장 안에는 다양한 책들이 빼곡하다. 가운데에는 큰 원목 책상이 자리를 차지하고 있다. 책상에는 몇몇 사람들이 앉아 즐겁게 이야기를 나눈다.

처음 와 본 동네의 처음 와본 독립 서점. 어색하게 서점을 구경하고 책을 고르고 있자니 사장님이 옆으로 다가온다. 내가 고르는 책들을 보시더니 내게 묻는다. "서점 하시려고요?"

아니, 아무 말도 안 했는데 어떻게 알았지. 사장님의 말이 맞았다. 나는 자료 수집차 이 서점에 왔다. 경쟁사

조사를 하러 온 것 같은 느낌에 죄송스러웠다. 일단 아니라고 한 발 빼뺌하고, 가볍게 해볼까 하고 생각만 해봤다고 말했다.

"서점 하지 마세요. 그냥 있는 걸 누리세요."

자기는 하고 있으면서 나보고는 하지 말라니. 그런데 생각해 보니 맞는 말이었다. 나도 책을 좋아하긴 하지만 도서관에서 책을 빌려 읽고, 책을 사야 하는 일이 있으면 대형 서점에서 책을 산다. 동네 서점에서 하는 모임에 가끔 참여하긴 하지만, 그 외에는 가는 일이 별로 없었다. 정작 나조차도 이용을 안 하면서, 내가 열면 장사가 잘 될 거라고 생각하기는 힘들겠지.

서점을 하고 싶다는 생각이 든 건 일주일 전부터였다. 출판사를 창업한 후 창업지원센터에서 해주는 여러 가지 무료 수업을 들었다. 들으면서 느낀 건 나는 책을 만드는 것보다 사람들과 함께하는 모임에 관심이 있다는 것이었다. 퇴사 후에 가장 힘들었던 것도 출근할 곳이 없다는 것, 그리고 만날 사람이 없다는 것이었다.

그럼 서점을 차리면 어떨까? 지역 서점은 모임을 열기에 아주 적합한 공간이었다. 게다가 나만의 공간으로 매일 아침 출근하고, 또 그곳에서 다양한 사람들과 만날 수 있다니. 너무 멋진 아이디어였다. 마침 사업계획서 1:1 상담을 신청해 놔서, 서점을 주제로 사업계획서를 써보기로 했다.

사업계획서를 쓰려고 찾아보니 이 세상엔 참 멋진 서점이 많았다. 열심히 검색을 해서 알아보고, 몇몇 서점은 직접 가보기도 하고, 서점에 대한 책을 읽었다. 사업계획서에는 좋아 보이는 것들을 모두 넣었다. 퇴사 관련 책 큐레이션부터, 나 자신과 주변 사람들에게 선물할 수 있는 선물 패키지, 퇴사 관련 강의와 모임, 그리고 맛있는 커피와 디저트까지 판매하겠다는 원대한 계획이었다.

두근거리는 마음으로 줌 링크에 접속했다. 머리를 무스로 바싹 올린 컨설턴트님이 들어오셨다. 목소리가 아주 좋았다. 그 좋은 목소리로 컨설팅 시작부터 나를 탈탈 털어 주셨다.

- 이 북카페의 비즈니스 모델이 뭐예요?
- 음.... 책도 팔고 디저트도 팔고 모임도 하고.... 그리고 대관도 할 수 있을 것 같아요!
- 사업모델이 책, 음료, 모임, 대관이라는 거죠? 그건 수익모델이 4개인 게 아니라 사업을 4개 하는 거예요.
- 아.... 그런가요?
- 동네에 카페 있죠. 공간대여 하는 곳도 있고, 그냥 서점도 있어요. 그 모든 곳이 경쟁 상대가 되는 거예요. 그런 기 말고 신명하고 확실한 수익 모델을 하나 잡는 게 더 중요해요.

 맛있는 디저트도 팔면 좋겠다~ 모임도 많이 열면 좋겠지? 하고 단순하게 생각했는데. 이것저것 다 하면 월세는 벌겠지 하고 쉽게 생각했었다. 그런데 이야기를 듣다 보니 살아남는 게 쉬운 일이 아니겠다는 생각이 들었다. 컨설턴트님은 나에게 공간을 만들기 전에 사람을 모으라고 조언해 주셨다.

 지금 하고 싶어 하는 모임은 꼭 공간이 없어도 할 수 있는 거잖아요? 그럼 리스크 없이 수익 모델을 확대해

나가는 게 좋아요. 하나씩 해나가다가 차라리 내가 여는 게 낫겠다, 싶어지는 그 시점에 공간을 열어도 늦지 않아요.

틀린 말이 하나 없었다. 지금도 할 수 있는 건 얼마든 있었다. 그저 하지 않고 있었을 뿐. 큰 리스크를 감당하지 말고, 작게 시작해 보라는 조언이 마음에 와닿았다.

컨설팅이 끝나고, 노트북을 열어 새로운 폴더를 하나 만들었다. 이름은 <책방>. 그래, 꼭 공간이 있어야 할 필요는 없잖아? 앞으로 책방에서 해보고 싶은 것들을 이 폴더에서 하나씩 해보는 거야.

인스타로 돈 벌기

시작은 글쓰기 모임이었다. 그 모임에서는 매일 글을 써서 인스타그램에 올리는 과제가 있었다. 과제를 하려고 인스타 계정을 새로 만들었다. 기존에도 글 계정이 있었지만, 다듬어지지 않은 글을 올리는 게 부끄럽기도 하고, 선생님도 새 계정을 만드는 걸 추천해 주셨기 때문이다. 그런데 글을 올리려고 보니 애매한 점이 하나 있었다. 바로 글과 어울리는 사진이 없다는 것이었다. 인스타그램의 특성상 글을 올리려면 사진도 같이 올려야 하는데, 마땅한 사진이 없었다. 매일 무슨 사진을 올려야 할지 고민하며 사진첩을 들여다보다가 발견한 게 음식 사진이었다.

나는 음식 사진을 항상 최선을 다해 찍었다. 한창 신혼이고 요리를 좋아할 때였다. 예쁜 그릇에 음식을 정갈하게 플레이팅하고, 남편이 사준 최신식 핸드폰으로 음식 사진을 정성스레 찍곤 했다. 그러다 보니 사진첩에는 삼시세끼 음식 사진이 가득했다.

핸드폰 갤러리를 쭉쭉 내려보니 이건 매일 올려도 소재 고갈이 없겠다 싶었다. 그래서 음식 사진과 함께 글쓰기 모임 과제를 올리기 시작했다. 선생님이 그날그날 주는 주제의 글을 써서, 제일 예쁜 음식 사진과 함께 업로드했다. 그런데 놀라운 일이 벌어졌다.

팔로워 0이었던 계정에 댓글이 달리고, 몇몇 사람들이 팔로우를 하기 시작한 것이다. 맞팔을 하자는 댓글이었고, 음식 계정을 운영하는 사람들이긴 했지만 말이다. 원래 운영하고 있던 글 계정은 몇 달 동안 열심히 해서 겨우 100 팔로워가 모였는데, 이 새로운 계정은 시작한 지 얼마 되지 않아 100 팔로워가 됐다. 그리고 3주 후, 모임이 끝날 때쯤에는 기존의 글 계정보다 팔로워가 많아져 있었다.

뭐지? 왜 이 계정에 팔로워가 많아지는 거지? 기분이 좋으면서도 좋지 않았다. 원래 운영하고 있던 글스타그램은 훨씬 더 많은 정성을 쏟는데도 팔로워가 잘 늘지 않는데, 그냥 매일 뭐 먹었는지 가볍게 올렸던 먹스타그램은 팔로워가 쭉쭉 늘다니. 나는 나름의 결론을 내렸다.

'글에 관심 있는 사람보다는 먹을 거에 관심이 있는 사람이 훨씬 많을 테니까. 그럴 수 있지.'

글쓰기 모임이 끝나고도 음식 사진을 계속 올렸다. 그러다 보니 내적 친밀감이 생기는 인스타 친구도 생겼고, 팔로워도 계속해서 늘어갔다. 음식 사진을 올리는 건 어렵지 않았다. 어차피 하루에 두 끼는 먹으니까, 하루에 한 개쯤은 쉽게 올릴 수 있었다. 사람들과 소통하는 것도 재미있었다. 그렇게 몇 달간 올리다 보니, 어느새 팔로워가 1,000명이 넘어가 있었다.

비슷한 시기에 인스타그램을 시작한 사람들도 훌쩍 성장해 있었다. 나랑 비슷한 팔로워인 사람, 나보다 못한 사람, 나보다 몇 배는 많은 사람 등 다양했지만 말이다.

그중 몇몇은 공동구매를 진행하기도 했고, 협찬을 받기도 했다. 매일같이 나랑 답글을 주고받는 사이인데, 저 사람은 어떻게 저런 걸 할까? 그냥 재미로 하는 인스타그램이었지만, 다른 사람들이 수익화를 하는 모습을 보니 나도 해보고 싶어졌다. 1000 팔로워 정도 됐으니 나도 협찬받을 수 있지 않을까? 그렇게 생각만 하고 있던 와중 다른 인스타 친구의 게시물에서 힌트를 발견했다.

[#협찬 #OO체험단 #먹스타그램 #먹팔맞팔]

당장 OO 체험단을 네이버에 검색해 봤다. 체험단 사이트에는 꽤나 많은 제품들이 있었다. 가입을 하고 여러 체험단에 신청했다. 그렇게 체험단으로 점철된 일상이 시작됐다.

첫 체험단은 뮤지컬이었다. 인스타에 사진과 후기만 남겨주면 십만 원이 넘는 티켓을 무료로 주다니! 정말 신세계가 아닐 수 없었다. 집에서 한 시간 반 거리에 있는 극장이었지만, 연말 분위기를 낸다고 예쁘게 차려입고 남편과 함께 뮤지컬을 보러 갔다. OO 체험단이라 말하니 정말로 티켓을 줬고, 뮤지컬도 관람할 수 있었다. 뮤지컬도 보고 근처 맛집에서 밥을 사 먹고 즐거운 데이트를 하고 돌아왔다.

그 외에도 동네 까페나 맛집에 당첨되기도 하고, 밀키트나 음식들을 배송받아 먹기도 했다. 샴푸나 비타민, 핸드크림, 스팀다리미 등 생활용품을 협찬받기도 했다. 체험단에 중독된 나는 매일같이 체험단 사이트에 들어가 신청을 했다. 두 달 동안 400개가 넘는 체험단에 지원을 했고, 그중 52개의 체험단에 당첨됐다. 집 앞에는 택배가 잔뜩 쌓였고, 매일매일 사진을 찍어서 올렸다. 디엠으로 공동구매 제안도 몇 번 들어왔지만, 그것까지 손대기는 조금 무서웠다.

그렇게 하루에도 열댓 개씩 체험단을 신청하고, 택배를 뜯고, 사진을 찍고, 리뷰를 남기는 일상을 보냈다. 하루하루가 금방 흘러갔다. 그동안 받았던 물건들은 벽장 안에 차곡차곡 쌓여갔다. 쌓이는 물건만큼, 어느 순간 재미있게 올리던 인스타그램도 숙제처럼 느껴졌다. 이번에 체험단 후기 올리려면 음식 사진도 몇 개 올려야지, 이거 올리고 저거 올려야지, 그런 계산을 하는 게 스트레스였다. 두 달 동안 협찬받은 음식과 물건의 값을 합치니 136만 원이나 됐다. 꽤 많은 돈이었지만 나는 이보다 큰 노동을 하고 있다고 느꼈다.

'근데 내가 왜 이러고 있지? 내가 하고 싶은 건 이런 게 아니었는데….'

체험단에 신청하던 걸 멈췄다. 그전에 신청했던 물건들이 여전히 문 앞에 쌓여갔다.

모임으로 돈 벌기

동네의 한 스타벅스. 네 명이 모여 앉아 그림을 그리고 있다. 맞은편 남자의 그림으로 시선이 절로 간다. 화면에서 금방이라도 튀어나올 듯 생생한 그림이었다. 신기한 마음에 물었다.

"무슨 일 하세요?"
"아, 저는 회사에서 디자이너로 일해요."
"우와, 그럼 미대 나오신 거예요?"
"맞아요. 하하."
"그런데 왜 이 모임에 나오셨어요?"
"개인 작업할 시간이 없어서요. 그림 그리고 싶어서 나왔어요."

얼마 전, 모임 어플을 통해서 같이 그림 그릴 사람을 모집했다. 얼마나 참여할까 싶었는데 의외로 많은 사람이 신청해 줘서 벌써 세 번째 모임을 진행중이다. 사실은 글쓰기 모임이나 진로 모임을 열어보고 싶었는데, 그런 모임을 열기에는 아직 마음의 준비도, 콘텐츠의 준비도 미흡한 것 같았다. 일단 부담 없이 그림 모임을 오픈해 봤다.

나는 그림을 그려서 인스타그램에 올리긴 하지만, 그림을 전문적으로 배운 적도 없고 잘 그리지도 못한다. 그래서 그림을 가르쳐주는 모임이 아닌, 그냥 같이 그림 그리는 모임을 열었다. 그런데 의외로 그림 전공자분들이 많이 오시는 것 아닌가!

다들 그림을 너무 잘 그리시는데, 그림 그릴 곳이 없다고 했다. 또 회사에서나 프리랜서로 디자인 일을 하지만, 본인의 작업은 많이 하지 못한다고 했다. 그림을 너무 잘 그리시는 분들이 오실 때면, 부족한 내가 그림 모임을 열어도 되나 하는 생각이 들곤 했다. 그런데 신기하게도 그림을 잘 그리시는 분들은 한결같이 이렇게 말씀해 주셨다.

"그림이 정말 귀여워요~"
"그림 너무 잘 그리시네요! 부러워요."

 아니, 누가 봐도 그쪽이 더 잘 그리시는 것 같은데요? 라고 말하지는 못하고, 왜 그렇게 생각하는지 물어보면 그에 대한 대답도 비슷비슷했다.

"저는 입시 미술을 해서, 이런 창의적인 선은 잘 못 그리겠더라구요."

 창의적인 선이라는 말이 욕인지 칭찬인지 살짝 갸우뚱했지만 칭찬으로 받아들이고 감사하다고 말했다. 내 선의 창의적인가? 그냥 못 그린 것 같은데. 그들의 선은 정제되어 있었고 또 아주 생생했다. 왜 스스로는 못한다고 생각할까. 정말 신기한 일이었다.

 그림 모임으로 모임 진행 연습은 좀 해봤으니, 이제 글쓰기나 진로 모임을 열어보고 싶었다. 모임을 어떻게 열어볼까 구상하던 어느 날, 인스타 DM을 통해 연락이 왔다.

[안녕하세요 자유님! OO어플을 통해 모임을 진행하신 것을 보았어요~ 모임 콘텐츠가 저희 모임 플랫폼과 결이 비슷하다고 생각해 연락드립니다. 저희 플랫폼에서 모임을 열어주실 수 있을까요?]

내가 가끔 사용하던 어플이었다. 이런 유명한 곳에서 연락이 오다니! 유료 모임을 오픈해 돈을 벌 수도 있다고 했다. 너무 신기한 마음에 바로 해보겠다고 답장을 했다. 그런데 답장을 보내고 생각해 보니, 그림을 잘 못 그리는 내가 그림 모임을 잘 진행한다는 게 큰 부담으로 다가왔다. 기존에 생각하던 글쓰기 모임과 진로 모임을 추가해 세 가지 모임의 기획안을 작성해서 오픈해 보기로 했다.

몇 주간 열심히 기획해서 모임을 오픈했는데, 놀랍게도 신청자가 없었다. 한 명 정도 신청하긴 했지만, 3명 이상이어야 모임이 진행되는 시스템이었기 때문에 몇 달 동안 단 한 번도 모임을 진행하지 못했다.

그래도 누군가가 나에게 제안을 해줬다는 사실에 용

기가 났다. 다시 내가 하고 싶은 모임을 구상해 좋아하는 다른 플랫폼에 제안을 했다. 제안서를 보내고도 내 이력으로 모임장 합격이 될지 걱정이 됐다. 그런데 플랫폼에서 모임을 열자고 회신이 왔다. 심지어 매니저님이 모임이 너무 좋다고, 열심히 격려하고 응원해 주셨다. 새로운 플랫폼에서는 많은 인원을 모집할 수 있었고, 다음 기수의 모임도 바로 오픈하게 되었다.

모임을 진행하는 건 재미있었다. 하지만 많은 노력이 드는 것에 비해 돈은 얼마 되지 않았다. 모임 자체는 비쌌지만, 수수료가 컸기 때문이다. 이걸로 돈을 벌려면 내 채널에서 직접 모임원을 모집해야 했다. 이렇게 플랫폼에서 진행하는 건 경험과 브랜딩, 취미 정도밖에 되지 않았다.

슬슬 불안해졌다. 퇴사한 지는 어느새 1년이 넘었는데. 제대로 된 일을 하고 있지 않은 내가 한심하기도 했다. 가끔 들어가던 알바천국 어플에도 점점 자주 들어가게 됐다. 일을 다시 해야 할까? 그런데 이전의 직무는 다시 할 생각이 없었다. 어떤 일이 나에게 맞을까? 벌써 서른인데, 나를 신입으로 뽑아 줄 사람이 있을까?

3장.

경로를 재탐색합니다

서른의 알바천국

마음이 불안해질 때면 알바천국 어플을 연다. 지도를 확대하며 내가 할 수 있을 만한 일이 뭐가 있을지, 우리 집 근처엔 어떤 알바가 있는지 샅샅이 살핀다. 학원 알바, 카페 알바, 편의점 알바…. 수없이 많은 알바 공고를 보다 보면 어떻게든 먹고 살 순 있겠지, 하는 생각이 든다. 당장 돈을 벌고 싶을 때면 알바에 지원해 보기도 한다. 물론 아무 곳에나 지원하진 않는다. 평일 낮 시간대면 좋고, 해보고 싶었던 일이거나, 하고 싶은 일과 비슷한 종류의 일이면 더욱 좋다. 알바들은 언뜻 보면 그렇게 어렵지 않아 보이지만 이런 생각은 나의 무지에서 비롯된 것이다. 뭐든 해보면 생각보다 어렵고, 생각보다 에너지가 든다. 특히 처음 하는 일이라면 더더욱.

어느 날은 알바 자리 몇 개에 지원서를 보냈다. 독서 논술 지도 선생님과 서점 도서 진열 알바였다. 어떤 마음이었는지는 잘 기억나지 않는다. 초초함이었을까. 지원하기를 누르니 이력서를 등록하란다. 여자, 30세, 대학(4년) 기계제어공학부 졸업. 경력사항.... 신입이라고 작성해야 하나. '경력 있어요'를 누르니 실제 근무한 회사명과 기간을 입력하라고 한다. 현대자동차, 정규직, 5년 근무, 담당업무 제어기 설계. 이 알바와 관련 있는 경력은 아니지만 열심히 지원서를 써본다. 하지만 두 곳 모두 답변이 오지 않았다.

며칠 뒤 집 근처 카페에 지원을 했다. 이번엔 경력을 지우고 '신입이에요'를 눌러 자기소개서를 썼다.

[한 회사에 5년 동안 다니며 지각이나 결석을 한 적이 없습니다. 성실하게 일하겠습니다. 감사합니다.]

다음 날 오전 11시, 문자가 왔다. [카페 경험이 있으실까요? 있으시면 오늘 면접 봤음 하는데요~] 해본 적 있다고 답했다. 3시에 면접을 보러 오라고 했다. 급하게 유튜브를 틀고 '카페 알바 면접' 영상을 검색했다. 카페 사장님들이 알려주는 면접 팁을 들으며 긴 머리를 묶었다. 비가 추적추적 내리는 여름날이었다.

걸어서 10분 거리의 카페였지만 조금 일찍 나갔다. 카페는 조그맸다. 테이크아웃 전문점답게 키오스크 앞으로는 한 사람이 지나갈 만한 공간밖에 없었다. 그래도 긴 통로를 지나가면 뒤쪽에 작은 테이블이 세 개 정도 있었다. 비가 와서 그런지 손님은 거의 없었다. 사장님은 약속했던 시간보다 30분 정도 늦게 도착한다고 했다. 알바생과 신메뉴 레시피를 보고 있으라는 사장님의 전화에 벌써 뽑힌 건가 싶어 의아했지만 알바에게 다가가 사장님의 말을 전했다. 알바생은 키가 크고 예뻤다. 20대 초중반, 대학생 티가 났다. 알바생은 물었다.

"카페 알바 해본 적 있으세요?"
"네, 대학생 때 교내 카페 알바 했었어요."
"아, 그러시구나. 그럼 주문 들어오면 한번 만들어 보실래요?"
"네, 좋아요. 근데 사실.... 제가 샷 내려본 적이 없어서요."

"샷 내려본 적이 없다고요?"

그랬다. 나는 카페 알바를 했지만 커피를 내려본 적이 없었다. 샷을 내리지 못한다는 것. 이것이 아직 카페 알바 로망이 없어지지 않은 이유일지도 몰랐다. 향긋한 커피 냄새와 커피 내리는 소리, 카페 음악과 맛있는 음료들. 스무 살 때부터 품어온 카페 알바 로망을 아직까지 가지고 있었다.

내 처음이자 마지막 카페 알바는 스물둘, 학교 안에 있는 작은 카페였다. 테이블도 없는 테이크아웃 전문 카페였지만 손님은 항상 많았다. 엄청나게 저렴했기 때문이다. 1,500원짜리 아메리카노를 먹기 위해 언제나 사람들이 길게 늘어서 있곤 했다.

알바생들을 가르쳐 준 건 바리스타 하늘님이었다. 알바생들은 모두 대학생인데 비해 하늘님은 30대 직장인이었다. 커피에 대한 자부심이 있던 하늘님은 알바생들에게 샷 내리는 걸 가르쳐 주지 않았다. 샷은 무조건 본인이 내려야 직성이 풀리는 듯했다. 샷을 내릴 줄 아는 진정한 카페 알바생이 되고 싶었지만 결국 한 학기 내내 샷을 내리지 못했다. 그저 얼음을 담고, 우유를 따르고, 하늘님이 만들어 둔 샷을 넣어 음료를 제조할 뿐이었다.

나는 빠릿빠릿하고 눈치 빠른, 소위 말하는 일 잘하는 알바생은 아니었다. 항상 여유로웠고, 눈치도 없었다. 대충 해도 되는 일은 꼼꼼히 하다 보니 음료 제조 속도도 너무 느렸다. 심지어 하나에 집중하면 다른 것은 잘 못 보는 탓에 항싱 혼났다. 얼음을 푸러 가야지, 하면 다른 알바생들은 보이지 않고 제빙기만 보였다. 손님이 많은 피크 타임엔 다들 바쁘게 움직이기 마련인데, 나는 여기에 가서 부딪히고, 저기에 가서 부딪혔다.

하늘님은 나를 불러 진지하게 말했다. "다른 사람이 움직이는 걸 보고 움직여야지." 나는 알겠다고 대답했지만 실제로는 그걸 어떻게 하는 건지 알지 못했다. 여전히 사람들과 부딪히곤 했다.

결국 카페 알바는 한 학기 만에 그만두었다.

3달가량의 카페 알바. 그것도 거의 10년이 다 되어가는 기억을 가지고 다시 카페로 왔다. 사장님께는 카페 경험이 있다고 말했다. 거짓말은 아니니까. 이왕 사장님이 늦게 오시는 거 일을 배워보고 싶었다. 알바생에게 샷 내리는 법을 알려달라고 부탁했다. 다행히 비가 와서 그런지 손님이 많지 않았다. 알바생과 나는 여러 음료를 제조해 보며 놀았다. 몇 번 해보니 그렇게 어렵진 않았다. 할 수 있을 것 같다는 생각이 들었다.

30분이 지나고, 사장님이 도착했다. 나보다 나이가 몇 살 많은 듯한 여자 사장님이었다. 사장님과 작은 테이블에 앉아 대화를 했다.

"냐옹시에서 차를 타고 오는데 차가 막혀서 늦었네요~ 죄송해요."
"아, 괜찮습니다. 그런데 냐옹시에 사시는데 여기에 까페를 차리신 거예요?"
"어쩌다 사정이 그렇게 됐어요. 원래 이렇게 자주 나오진 않는데 수, 목 알바가 갑자기 그만둬서 제가 메꾸느라 힘드네요. 목요일은 하루 종일 와서 해야 하거든요."

"아, 진짜 힘드시겠네요."
"맞아요. 요즘 알바생들, 잘하는 애들도 많은데 진짜 책임감 없는 애들도 많다니까요."

사장님은 말도 없이 안 나오는 알바생, 마음대로 문을 일찍 닫고 조기 퇴근하는 알바생, 다 적혀있는데 시도 때도 없이 전화해서 물어보는 알바생 등 이상한 알바생에 대한 이야기를 하기 시작했다. 이야기를 듣다 보니 새미있기도 하고, 최근에 자기계발서를 많이 읽어서 그런지 사장님의 마음도 이해가 됐다. 주인의식을 가진 알바생을 원한다는 사장님은 말이 잘 통하는 내가 마음에 든 것 같기도 했다.

4시. 앞 타임 알바생은 퇴근 시간이 되어 떠나고, 사장님과 나 둘만 남게 되었다. 사장님은 주문이 들어오면 나에게 음료를 제조해 보라고 했다. 사장님 앞이라 그런지 떨리는 마음에 자꾸 실수를 했다. 샷을 흘리고, 뜨거운 음료 주문에 얼음을 담았다.

"하하. 오랜만에 하니 어색하네요."

음료 제조하는 모습을 본 사장님의 눈빛이 흔들렸다. 사장님은 나에게 물었다. 다른 알바도 많은데, 카페 알바 왜 지원하신 거예요? 나는 유튜브에서 봤던 대답을 떠올리며 말했다. 나중에 카페 차려보고 싶어서요. 역시 유튜버가 알려준 답변답게 흡족한 대답이었는지 사장님의 표정은 다시 밝아졌다. 카페 차리고 싶으세요? 왜요?

"저만의 공간을 갖고 싶어서요. 사실 북카페 같은 걸 하고 싶어요. 책도 읽고, 커피도 마실 수 있는 그런 곳이요."
"아 책 좋아하시는구나, 그럴 것 같아요. 근데 사실 카페 일이 그렇게 여유롭고 그렇진 않아요. 빨리, 많이 팔아야 하거든요. 빠른 스타일은 아니시죠?"
"맞아요. 빠른 편은 아니에요. 카페 일은 좀…. 빠릿빠릿한 사람이 잘하죠? 저는 행동이 느린 편이긴 하거든요."
"그럼 좀 힘들죠. 느리면. 혼자서 다 해야 하는데. 손님이 많을 때는 할 일도 많고. 빠르게 할 일을 처리하는 게 좋죠."

대화는 면접이라기보다는 상담처럼 흘러갔다. 생각해보면 난 카페 알바에 어울리는 타입은 아니었다. 말도 느리고, 다른 사람이 하는 말을 곧바로 알아듣지도 못하고, 행동도 느리다. 앉아서 진득하게 공부를 하거나 책을 읽거나 글을 쓰거나 그림을 그릴 순 있지만, 빨리, 많이 움직이면서 일을 잘 해내진 못한다. 기본적으로 움직이는 것도 좋아하지 않는다. 탁구를 칠 때도, 공이 멀리 오면 그냥 받지 않는다. 그냥 지고 말지. 굳이 빠르게 움직이고 싶지 않았다. 경쟁 욕구도 딱히 없었다.

사장님은 알 수 없는 표정을 지었다. 이 카페는 아주 작은 카페여서, 사수 없이 혼자서 일할 사람이 필요하거든요. 혹시 언제 나올 수 있어요? 오늘 수습하는 다른 알바들 교육이 있는데 같이 한번 해볼래요?

네, 해볼게요! 혼자 카페 일을 책임져야 한다니 두려웠지만 그렇다고 못할 일은 아니라고 생각했다. 조금 지나자 알바생들이 들어왔다. 선배 알바생 한 명에 수습 알바생 세 명. 십 년 전에 일했던 학교 카페처럼 작은 공간이 가득 찼다. 나는 선배 알바생에게 열심히 물어보며 배웠다. 비가 와서 그런지 손님도 별로 없었다. 우리는 각자 먹고 싶은 음료를 한 잔씩 만들어 보기도 하고, 포스기 사용법도 배우고, 마감 업무와 오픈 업무도 배우고, 청소도 했다. 와플도 만들어서 나눠 먹었다. 배가 불렀다. 손님은 여전히 별로 없었다.

10시. 배부른 채로 집에 도착했다. 진짜 되면 어떡하지? 카페 공간을 혼자 책임질 수 있을까? 재미있을 것 같기도 하고, 역시 잘 안 맞을 것 같기도 했다. 카페 알바생의 덕목은 무엇일까? 밝고 환한 미소, 정확한 발음, 꼼꼼함, 빠른 행동, 주변의 상황을 잘 파악하는 능력, 눈치 정도일까. 이 중에 내가 갖고 있는 덕목은 무엇일까. 아무튼 확실한 것은 몸을 쓰는 일은 잘하지 못한다는 것이다.

나는 설거지도 느리고 청소도 느리다. '꼼꼼하게'와 '대충' 사이에서 중간을 잘 모른다. 꼼꼼하게 하다 보면 느려지고, 대충 하다 보면 못한 부분이 눈에 띈다. 이 일을 하는 중 다른 일 생각이 나고, 생각난 일을 바로 하면 하던 걸 까먹는다. 나 같은 사람이 카페 알바에 어울릴까? 나중에 카페를 차려야겠다는 생각도 슬슬 접을 때가 된 것 같다. 빠릿한 알바생을 뽑지 않는 이상.

다음 날 점심, 사장님께 문자가 왔다.

[경험이 없으셔서 혼자 하시는 건 불가하실 것 같아요]

 다행이다, 하는 생각과 내가 왜, 나도 할 수 있는데, 하는 생각이 동시에 들었다. 그 와중에 그래도 받을 건 받아야지, 하며 문자를 보냈다.

[아 네 알겠습니다! 어제 일한 급여는 언제 받을 수 있을까요?]
[계좌 보내주세요~ 이따 보내드릴게용~]

 그렇게 1시간 후에 입금된 금액. 3만 원. 3만 원으로 나는 나의 재능과 일에 대해 다시 한번 생각해 보게 되었다. 역시, 카페 알바는 아닌 건가. 떨어져서 슬프기도 했지만 다행이라는 생각도 들었다. 객관적으로 평가해 주는 사람이 있어서 다행이야. 그래, 내가 할 수 있는 일, 아니 잘하는 일을 좀 더 해보자. 아직 괜찮잖아. 아직 밥 잘 먹고, 잠 잘 자잖아. 진짜 굶을 정도가 되면, 그때 가서 뭐라도 하면 되지.

언제쯤 내가 좋아하고, 잘하는 일로 당당하다고 느낄 만한 돈을 벌 수 있을까? 언제가 될진 모르겠지만 다시 카페로 돌아가기 전에, 그렇게 되었으면 좋겠다.

친구와 나

친구 K를 만났다. 대학교 때 기숙사 같은 방을 썼던 친구였다. K는 디자인과, 나는 기계과. 둘 다 과제가 많은 전공이었다. 우리는 밤마다 기숙사 방에서 과제를 했다. 피곤한 몸을 이끌고 책상 앞에 앉아 노트북을 두드렸다. 그러다 누군가 불쑥 말을 꺼낸다. "근데 있잖아…." 대화가 시작되는 날이면 과제는 잠시 미루고 새벽까지 쓸데없고 몽글몽글한 이야기들이 오갔다. 결국 밤새 대화를 하다 과제를 끝내지 못하곤 했다. 한 학기의 짧은 인연이었지만 그런 특별한 기억들 때문일까, 우리는 졸업을 하고도 종종 만남을 이어갔다.

K는 좋아하는 일을 좇아 열정을 다했고, 나는 안정적

인 일을 택해 적응해 갔다. 기껏해야 일 년에 두어 번 만 날 뿐이었지만 우리는 서로를 보며 자극을 받았다. 나는 멋있는 일을 하는 K가 신기했고, K는 일찍 자리 잡은 나를 멋있어했다.

어느 순간, K는 공무원 시험 준비를 한다고 했다. 좋아하는 일을 해보니 안정적인 일을 하고 싶다 했다. 나는 퇴사를 한다고 했다. 안정적인 일을 해보니 좋아하는 일을 하고 싶었다. 우리는 비슷한 듯 달랐다. 정반대의 길로 향하는 서로를 지켜보는 건 참 묘한 일이었다.

우리는 서른에 다시 만났다. 스물하나, 기숙사에서 과제를 하던 대학생 시절에서 9년이 흘렀다. 나는 대기업을 퇴사한 백수가 되었고, K는 공무원 시험에 합격해 임용을 기다리는 어엿한 사회인이 되었다.

나는 퇴사한 지 10개월. 너는 입사하기 3개월 전. 우리는 참 애매한 시기에 만났다. 나는 결혼식 때 밥을 못 사준 게 미안해 내가 산다고 했고, K는 내가 회사에 다닐 때 많이 사줬으니 자신이 사고 싶다고 했다.

우리는 한 피자집에 앉아 근황을 이야기했다. 우리는 앞다투어 상대방을 치켜세웠다. 서로의 무엇을 부러워했을까. 사실상 아무것도 가진 게 없었는데. 퇴사한 지 꽤나 긴 시간이 지났지만 나는 뭐 하나 이룬 게 없었다. 그저 그림을 그리고 싶다, 글을 쓰고 싶다는 생각만 있었을 뿐. 그럴듯한 그림을 그리지도 글을 쓰지도 못했다. K는 그런 날 보고 대단하다 했다. 나는 정말로, 아무것도 없는 백수에 불과했는데.

너는 대기업에 다녔잖아. 돈도 많이 벌어봤잖아. 앞으로도 잘할 수 있을 거야. 부럽다. 잘할 거야. K의 근거 없는 믿음이 고마웠다. 다른 사람들도 그렇게 생각해 줄까?

나는 오히려 K가 부러웠다. 가장 싱그러운 대학생 시기에 원하는 걸 배우고, 그걸로 전시도 하고 일도 하고, 좋아하는 일을 시도하다가 안정적인 직업을 택해서, 또 그렇게 금방 합격하고. 그게 진짜로 대단한 거 아닌가? 젊어서 방황하고, 이제는 미련 없이 안정적인 길을 가는 K가 진정한 어른 같았다.

또 내가 배웠던 능력은 지금의 나에게 아무짝에도 쓸모가 없지만, K의 능력은 언제 어디서나 쓸 수 있는 기술이었다. 나는 더 이상 오대 역학을 써먹을 일이 없다. 잉크가 물에 번지는 것을 보며 열역학 제2 법칙을 생각할 때 말고는. 나는 회사에서 5년 동안 배운 지식을 써먹을 일이 없다. 지나가는 차를 보며 프로젝트 코드명을 생각하고, 엄마 차에 탔을 때 괜히 창문을 여닫으며 스위치의 품번을 되뇔 때를 제외하면. 이런 것들이 도대체 어디에 쓸모가 있단 말인가.

내가 디자인을 배웠더라면, 어디서 외주라도 구할 수 있지 않을까. 포스터를 만든다든지, 혹은 상세페이지를 만들 수 있을지도. 그런 것들은 쓸모 있는 것처럼 느껴졌다.

내가 이런 생각을 하는 중에도 K는 자신에게 비관적이었다. 그리고 나에겐 한없이 관대했다. 그런 K를 보며 작은 힌트를 얻게 되었다. 내가 가진 것은 누군가 부러워하는 것들이다. K가 가진 것들도 정말 반짝이는 것들이다. 하지만 스스로 인정하지 않는다면, 그것들은 빛을

잃을 수밖에. 멋진 것들을 가지고도 다른 사람을 부러워하기만 한다면, 만족스럽지 못한 삶을 살 수 밖에.

 우리가 택한 두 길 모두, 좋은 점도 나쁜 점도 있다. 어떤 길을 택하든 뭔가를 잃고, 또 다른 것을 얻기 마련이다. 심지어 지금 가는 길은 내가 선택한 길이다. 다른 소중한 것을 포기하고서라도 말이다. 그러면 여기서 중요한 것은, 내가 잃은 것일까? 내가 얻은 것일까?

 그래, 내가 가진 것에 집중하자. 그럼 그 자체로 멋지고 빛나는 삶이 된다. 내가 선택한 길을 의심하지도 말고 남의 길을 부러워하지 말자. 내가 가는 길도 누군가 부러워하는 멋진 길이니까.

사서가 되고 싶었던 공대생

회사에 다닐 때, 나는 도서관 사서가 되고 싶어 알아보기도 했다. 책을 좋아했기 때문이다. 도서관은 나에게 힐링 되는 곳이었다. 조용한 분위기, 산속에 묻혀 있는 위치, 그리고 책 냄새…. 도서관 책 냄새를 맡으면 안정감이 들곤 했다. 아침마다 도서관으로 출근한다면 너무 행복할 것 같았다.

사서가 되기 위해서는 문헌정보학과를 나와야 했다. 이미 기계과를 졸업한 나는 자격 요건이 안 되는 것이다. 그러나 이런 나에게도 기회가 있었으니…. 바로 사서교육원이었다. 사서교육원은 1년 과정으로, 졸업하게 되면 준사서 자격증을 취득할 수 있었다. 내가 알아봤던 사서교육원은 12월에 모집공고가 떴다.

이렇게 열심히 알아보고 지원서를 쓸까 말까 2년이나 고민했다. 고민한 이유는 여러 가지였다. 사서의 대우가 좋지 않고, 일이 많다는 이야기를 들었으며, 내가 하고 싶은 일과 딱 맞지 않을 수도 있다는 생각 때문이었다. 그렇게 고민만 하다 결국 지원하지 못했다.

2년이 지난 지금, 백수인 나는 또 책과 관련된 일을 알아보고 있었다. 출판사 폐업 신고를 하며 출판사에 들어가 일을 배워볼까 하는 생각이 들었다. 하지만 출판업계는 돈을 벌기 어려웠다. 다들 출판은 사양산업이라고 했다. 박봉이라고도 했다. 그렇게 출판사에 대해 알아보다가 SBI 출판학교에 대해 알게 되었다. 경력만 뽑는 출판업계에서 신입이 취직하기 가장 좋은 루트라고 했다. 1년에 한 번 모집하는데, 마침 모집 공고가 떠 있었다.

SBI 출판학교를 발견하고 이건 운명이라는 생각이 들었다. 컴퓨터 앞에 앉아 무작정 지원서를 쓰기 시작했다. 먼저 어느 분야에 도전할지 결정해야 했다. SBI 출판학교에서는 편집자, 마케터, 디자이너 3개 분야를 모집하고 있었다. 하고 싶은 것이 아주 많은 나답게 모든 분야에 끌렸다. 그래도 그중 어떤 일을 했을 때 가장 재미있을지 생각해 보았다.

출판사 직원 하면 편집자가 가장 먼저 떠오른다. 책을 기획하고, 작가와 함께 책을 만들어가는 사람. 딱 봐도 너무 멋진 직업이다. 하지만 이 일에 대해 자세히 알아보니, 교정/교열/윤문 작업이 필수였다. 책상에 앉아 글을 보기보단 밖을 돌아다니며 여러 사람을 만나고 싶었다. 정말 매력 있는 분야였지만, 다른 분야로 눈을 돌렸다.

디자이너도 해보고 싶은 분야였다. 대학생 때도 드로잉기초 수업을 듣고, 시각디자인학부를 고민하기도 했었다. 하지만 나는 이제 스무 살이 아니다. 디자이너들의 노고를 충분히 알고 있고, 30살에 그것을 시작할 자신은 없었다. 이미 실력이 뛰어난 친구들이 많을 테니 뽑힐 리도 만무했다. 그렇다면 남은 분야는 하나였다.

출판 마케터. 처음 들어보는 이름이었다. 하지만 '마케터'란 직업에는 그전부터 관심이 있었다. ENFP에게 잘 맞는 직업인 것 같아서였다. 항상 새로운 것을 찾아내야 하고, 다양한 사람을 만나야 하고, 번뜩이는 아이디어가 필요한 일. 내가 좋아하고 잘할 수 있는 일이라는 생각이 들었다. 게다가 내가 좋아하는 '책'과 관련된 일이라니. 지원하지 않을 이유가 없었다.

SBI 출판학교에 입학하기는 쉽지 않았다. 서류, 필기시험, 면접을 통과해야 한다. 첫 번째 관문인 서류부터 어려웠다. 자기소개서는 언제나 어렵지만, 복병이 하나 더 기다리고 있기 때문이다. 바로 '독서 이력서'. 그동안 읽은 책을 30권 이상 쓰고, 각 책에 대한 200자 이내의 짧은 소감을 써야 한다. 30권의 책을 추리기도 힘들고, 그에 대한 소감을 모두 쓰기도 어려웠다.

최근 읽은 책은 경제와 자기개발 분야에 치중되어 있었다. 그래서 옛날에 읽었지만 재미있게 읽었던 소설책, 에세이 등을 추가해 약 50권의 목록을 만들었다. 그리고 그 목록을 소설, 에세이, 인문, 자기개발, 경제경영, 정치사회 6가지 분야로 나누었다. 각 분야별 5권의 책을 선별하여 총 30권의 책을 골랐다. 소감은 생각나는 대로 짧게 썼다.

자기소개서에는 책에 대한 나의 진심과, 회사에 다니던 5년 동안 여러 부서와 협업한 경험 등을 적었다. 또 퇴사 이후 블로그를 하고, 전자책을 만들고, 그것을 배포한 경험을 바탕으로 내가 '출판 마케터'에 적합한 인재라는 것을 강조했다.

지원서를 제출하고 남은 건 초조한 기다림의 시간이었다. 퇴사 후 처음으로 진짜 해보고 싶은 분야에 도전해 보는 것 같아 마음이 설렜다. 합격하더라도 시험과 면접을 봐야 했지만, 서류라도 합격한다면 조금 자신감을 얻을 수 있을 것 같았다.

그래, 최선을 다해 썼으니 기다려보자. 떨리는 마음으로 합격자 발표일을 달력에 적었다.

내가 진짜로 하고 싶은 건 뭘까?

서류 합격자 목록에 내 이름이 있었다. 이게 얼마 만에 보는 '합격'인지. 6년? 7년? 기억은 잘 안 나지만 어쨌든 기뻤다. 하지만 기쁨은 잠시였다. 바로 이틀 뒤에 시험이 기다리고 있었기 때문이다. 출판마케터반에 시험이 도입된 건 작년이 처음이었다. 이번이 두 번째. 열심히 인터넷으로 후기를 찾아보았다.

 작년 후기에는 마케팅 지식과 고전 및 현대 문학, 시사에 관련된 문제가 나왔다고 했다. 급하게 유튜브로 마케팅 기초를 공부하고, 고전 문학에 대해 공부했다. 시험 직전까지 마케팅 기초와 책들을 달달 외웠다.

그런데 막상 시험에서는 이런 것들은 하나도 나오지 않았다. 처음 보는 문제들에 가슴이 두근거렸지만 100분의 시험시간을 꽉 채워 답안을 작성했다. 답안은 원고지에 직접 손글씨로 답을 작성해야 했다. 분명 처음 답안을 작성할 때는 자신 있게 적었는데, 원고지에 옮겨 적은 후에 다시 읽어보자 마음에 들지 않는 부분이 많았다. 이미 400자 원고지 7장을 채웠으니, 다시 쓸 수도 없고. 그렇게 조금은 아쉬운 마음으로 시험장을 나왔다. 결과는 일주일 뒤에 나온다고 했다.

최선을 다해 서류 작성을 하고, 최선을 다해 시험을 봤다. 하지만 내 마음속엔 뭔가 걸리는 것이 있었다. 이것이 정말 내가 원하는 일인가에 대한 의문이었다. 시험을 준비하며 유튜브로 출판마케터가 하는 일에 대해서, 그들의 일상에 대해서도 많이 찾아보았다. 다른 직업보다는 재미있을 것 같았다. 내 성향에도 맞을 것 같았다. 그런데, 그게 진짜 내가 하고 싶은 일인가?

출판학교를 준비하는 중에 오히려 하고 싶었던 일을 더 열심히 하게 되었다. 더 열심히 글을 쓰고, 그림을 그리고, 나를 세상에 알리고, 새로운 일을 기획했다. 출판학교가 아니더라도 내가 하고 싶은 일을 할 수 있다는 걸 스스로 증명해 보이고 싶었나 보다. 신기하게도 출판학교를 준비하는 약 한 달의 기간 동안 나는 이런 활동들에서 많은 성과를 얻었다.

그래도 '탈락'이라는 단어는 기분이 나쁘다. '합격'한 후 다시 생각해 보고 싶다는 작은 소망을 가지고 일주일을 기다렸다. 그 일주일 동안에도 나는 계속해서 내가 하고 싶은 일을 했다. 출판학교에 붙더라도 '나 혼자 이 정도 할 수 있어, 그 길이 아니라 이 길로 가도 괜찮아'라고 스스로에게 말해주고 싶었다.

행운은 연달아 온다

면접 결과를 기다리는 동안, 나는 본격적으로 글스타그램을 시작했다. 그동안은 책을 읽고 인상 깊은 구절을 올렸었는데, 이번엔 직접 쓴 블로그 글을 인스타에 옮겨 업로드한 것이다. 해야지, 해야지 하다가 진짜로 시작하게 되었다. 출판학교에 도전한 것이 그 원동력이 되었다. 일주일간 5개의 게시물을 올렸고, 반응도 생각보다 괜찮았다. 게시물에 공감해 주시고 댓글을 남겨주실 때는 너무너무 기뻤다.

그렇게 일주일의 기다림 끝에, 필기시험 결과 발표가 나왔다. 합격이었다. 기쁘면서도 마음이 복잡했다. 블로그에 글을 쓰고, 인스타에 업로드하고, 또 그림도 그리는 지금의 이 루틴이 만족스러웠기 때문이다. 물론 그걸로 먹고 살 수 있을지를 생각하면 마음이 답답해졌다. 또다시 먹고사는 문제를 생각하는 나 자신도 답답했다.

어쨌든 면접을 보자. 면접이란 건 내가 이 길과 잘 맞는지를 전문가들이 판단해 주는 고마운 자리다. 내가 쓴 자기소개서를 읽고, 내가 본 시험의 결과를 보며, 나를 평가해 주는 자리이다. 전문가의 눈으로 봤을 때의 난 어떨까? 기계과를 졸업해서 대기업을 다니긴 했지만, 경력도 없는 분야인 출판마케터라니. 괜히 찔러보는 것처럼 보이진 않을까? 아니면 꿈을 찾아 모든 걸 버리고 떠난 멋진 모험가로 생각해 줄까?

그들이 나를 합격시켜 준다면, 어쨌든 그 일을 잘 해낼 수 있을 거라는 뜻이다. 내가 할 수 있을지 판단하기 위해서 면접을 보자. 그렇게 여러 예상 질문에 대한 답변을 준비했다. 면접도 너무 오랜만이라 유튜브를 찾아보며 1분 자기소개부터 열심히 준비했다. 그 와중에 인스타와 블로그도 꾸준히 하며 글을 쓰고 그림을 그렸다.

드디어 일주일 후, 면접 날이 되었다. 오랜만에 깔끔한 옷을 입고, 화장도 열심히 했다. 곱슬거리는 긴 머리는 깔끔해 보이게 올려 묶고, 튀어나온 잔머리도 실핀으로 고정했다. 이런 내 모습.... 꽤 괜찮은데? 쓸데없는 생각을 하며 집을 나섰다. 면접 대기 장소에 들어가자 긴장감이 감돌았다.

면접은 4:4로 진행되었다. 면접관 네 분에 지원자 네 명. 면접 전의 나는 왠지 모를 자신감을 가지고 있었다. 하지만 면접을 보며 탈탈 털리고 말았다. 생각하는 대로 대답이 술술 나오지 않았다. 쓸데없이 이상한 말을 한 것도 같다. 목소리는 덜덜 떨렸다. 그 와중에 면접관들과 눈을 맞추려 열심히 노력했다. 같이 들어간 3명의 지원자들은 말도 잘했다. 또 그들의 대답에선 사회 초년생의 순수함이 느껴졌다. 내가 여기서 나이가 제일 많겠지...? 난 너무 사회에 찌든 걸까...? 그렇게 나는 거의 울먹이며 면접관들의 질문에 답변을 했다.

30여 분의 면접 시간이 눈 깜짝할 사이에 흘러갔다. 내 왼쪽에 앉은 사람은 내가 봐도 뽑고 싶었다. 자신감

있고 멋진 태도로 답변하는 모습이 인상적이었다. 다른 지원자들도 모두 책을 사랑하는 게 느껴졌다. 아, 여기엔 이런 사람들만 있구나. 출판업계란 참 멋진 곳이라는 생각이 들었다. 영혼까지 탈탈 털린 나는 그렇게 해탈한 마음으로 면접 장소를 빠져나왔다. 안돼도 괜찮아. 이것도 경험이지. 그래도.... 합격하고 싶다. 이게 무슨 마음일까?

면접 결과 발표는 5일 후. 나는 더욱 열심히 내 일에 집중했다. 모임 운영자에 지원도 하고, 브런치 작가에 다시 도전했다. 블로그와 인스타그램을 운영하며 글을 쓰고 그림을 그렸다. 그렇게 초조함을 없애기 위해 노력했다.

5일 뒤, 면접 결과 발표 날. 몇 시에 결과가 나올지 모르겠지만 나는 결과를 보지 않겠다고 다짐했다. 오늘 할 일을 다 끝내기 전까지는 보지 말자. 만약 불합격이면 기분이 나빠서 아무것도 하기 싫을 것이고, 합격이라면 어떻게 할지 고민하느라 아무것도 하기 싫을 것이었다. 그저 내 할 일을 했다. 5월이니 종부세 신고를 하고, 종부세 신고에 대한 블로그 글을 영혼을 갈아 썼다. 오전 시간 내내 종부세와 씨름했다.

점심을 먹고, 인스타를 확인했다. 이따가 글 다 쓰고 인스타에도 올려야지. 그런 생각을 하고 있던 중, 인스타 팔로워가 200명이 되었다. 200 팔로워가 되면 이벤트를 해야지, 생각하고 있던 차였다. 그 숫자가 너무 기뻐 캡처해서 남편에게 보냈다. 그리고 블로그 글을 마저 썼다.

글을 다 쓰고 한숨 돌리려는데, 남편에게 카톡이 와있었다. 출판학교 최종 합격자 명단을 캡처해서 보내준 것이다. 그 명단에는 내 이름이.... 있었다!!!

반은 포기하고 있던 나는 깜짝 놀라 방방 뛰었다. 일단 합격했다는 것 자체가 너무 기뻤다. 남편에게 저녁 외식을 하자고 했다. 인스타에 블로그 글을 올리고 나갈 준비를 하고 있었다. 그 와중에 기쁜 소식이 또 한 번 찾아왔다.

바로 브런치 작가 데뷔 소식이었다. 기쁜 소식이 연달아 오니 정신을 차릴 수 없었다. 무엇보다 브런치 작가가 되었다는 게 제일 기뻤다. 한 번 떨어졌던 터라 별 기대 없이 신청했었는데…. 이날만큼은 모든 행운이 나의 것이었다. 기쁜 마음에 외식하고 돌아오는 길에 평소에 잘 사지 않는 로또를 샀다.

기쁜 소식은 기쁜 소식이고, 나는 선택해야 한다. 이제 정말 마지막 선택의 시간이다. 내가 되고 싶은 것은 출판마케터인가? 아니면 다른 무언가인가? 나는 출판사에서 일하며 행복하게 살 수 있을까? 그것이 내가 진심으로 하고 싶었던 일일까?

그게 아니라면 나는 무엇을 하고 싶은 걸까? 내가 하고 싶은 일을 세상에서 말하는 '직업'으로 표현할 수 있을까? 사람들에게 인정받을 수 있을까? 아니, 꼭 사람들에게 인정받아야 하나?

오리엔테이션은 일주일 뒤, 정식 수업 시작은 이주 뒤다. 마지막 선택을 위한 치열한 고민이 시작되었다.

나는 나의 꿈을 은폐했었다

출판마케터 과정에 합격했다. 30살의 공대생 출신인 나에겐 과분한 기회다. 이 교육을 통해서 마케팅에 대해 배울 수 있고, 교육을 마치면 출판사에서 일할 수 있다. 나는 책을 좋아하고, 마케팅이라는 직무에 관심이 있다. 이런 좋은 기회를 두고 왜 고민하는 걸까?

출판마케터 과정을 준비하는 과정에서, 계속해서 다른 일을 벌였다. 글을 쓰고, 그림을 그렸다. SNS에 내 생각을 노출시키고, 불특정 다수에게 나를 알렸다. 여러 사람들을 만나고, 대화하고, 알아갔다. 이 모든 일이 좋았다. 재미있었다.

출판사에 가면 이런 일을 할 수 있을까? 언뜻 생각해 보면 비슷해 보였다. 출판사의 책을 알리고, 그 책을 위한 글을 쓰고, 그 책을 위한 행사를 기획할 것이다. 그런데 뭔가 마음에 걸렸다. 조금 마음에 들지 않는다. 나는 누군가의 책을 알리고 싶은가? 나는 그것을 위해 퇴사했나?

아니다. 나는 내 이야기를 알리고 싶다.

나는 다른 책을 위한 글을 쓰고 싶은가? 아니다. 나는 나를 표현하는 글을 쓰고 싶다. 나는 북토크를 기획하고 싶은 걸까? 아니다. 나는 북토크에서 강연하고 싶다. 나는 내가 하고 싶은 이야기를 하고, 내 책을 쓰고, 내 책을 알리고, 내 행사를 기획하고 싶다.

그렇다. 나는 작가가 되고 싶은 것이다. 남의 이야기를 알리는 사람이 아닌, 나의 이야기를 알리는 사람이 되고 싶은 것이다.

사실 이 꿈은 오래된 꿈이었다. 어린 시절부터 작가가

되고 싶었다. 그러나 현실성이 없다고 생각했다. 세상에 잘난 사람은 너무나도 많았고, 내가 보기에도 나의 작품은 부족했다. 글을 쓰고 그림을 그릴 때마다 나는 상처받았다. 더 이상 상처받지 않기 위해, 나를 보호하기 위해 나의 욕구를 꽁꽁 숨겼다.

시간이 많이 흐른 후, 다시 좋아하는 일을 찾고 싶었다. 하지만 너무 꽁꽁 숨긴 탓인지, 다시 찾아보려 했을 때는 이미 깊은 수면 아래 숨어 잘 드러나지 않았다. 그 주변에서 빙빙- 맴돌기만 할 뿐이었다. 캐고 캐도 나타나지 않았다. 그저 그 일 가까이에 있는 것이 내가 할 수 있는 최선이었다.

작가가 될 수 있다고, 되고 싶다고는 생각하지 못했다. 그래서 작가를 돕는 사람이 되려고 했던 것 같다. 그게 현실적인 일이라고 생각했다. 내가 할 수 있는 일이라고 생각했다.

잇단 행운이 찾아왔던 날, 나를 가장 기쁘게 했던 건 브런치 작가 데뷔 소식이었다. 출판마케터 과정 합격보다도, 아주 많이 기뻤다. 어렴풋이 알고 있던 것이 더 크게 다가왔다. 나는 작가가 되고 싶어 하는구나. 나는 나를 표현하고 싶어 하는구나.

 내가 할 수 있는 일 말고, 내가 하고 싶은 일을 하자. 해보지도 않고 지레 포기하지 말고, 하고 싶은 일을 하자. 그렇게 나는 출판마케터 과정을 포기했다. 그리고 꿈을 선택했다.

작가가 될 수 있을까?

작가가 되어야겠다고 생각했지만 어떻게 해야 작가가 될 수 있는지 알 수 없었다. 이미 전자책도 하나 썼고, 그리고 브런치 작가도 되었으니 '작가' 맞지 않나? 그런데 스스로 작가라고 말하기는 왠지 부끄러웠다. 작가라고 말하려면 적어도 책을 판 돈으로 먹고 살 만큼의 돈을 벌어야 하지 않을까? 서점 베스트셀러 코너에 내 책이 쫙 깔려 있고, TV에도 자주 출연하고, 이름만 들어도 아~ 그 사람? 할 정도는 되어야 할 것 같았다. 작가가 되기 위해서는 유명한 책을 써야 했다. 아니, 적어도 나에게 부끄럽지 않을 책을 써야 했다. 《산책하고 월 30 벌기》같이 이름만 말해도 얼굴이 빨개지는 그런 책이 아닌, 진짜 내 글이 들어간 그런 책을 써야 했다.

사실은 글을 써보려고 했던 적이 있었다. 아니, 수도 없이 많았다. 중학생 때는 소설을 쓰려다가 실패했고, 고등학생 때도 몇 권 가득 일기를 썼다. 회사에 다닐 때는 독립서점에서 하는 책 만들기 수업을 들었다. 4주 동안 4명이서 글을 쓰고, 그 글을 모아 한 권의 책으로 만드는 수업이었다. 아늑한 서점으로 들어설 때마다 마음은 꽉 막혔다. 내 글이 너무나도 마음에 들지 않았기에. 같이 수업을 듣는 사람들은 어찌나 그렇게 글을 잘 쓰는지. 소설을 쓰는 사람도 있었고 편지 형시의 글을 쓰는 사람도, 에세이를 맛깔나게 쓰는 사람도 있었다. 그에 비해 내 글은 항상 유치했다. 내가 봐도 못난 글이었다. 결국 4주 동안 쓴 그 글로 소장용 책을 만들었지만, 다시 들춰보긴 힘들었다. 글을 쓰고 싶지만 역시 나는 글을 못 쓰는구나, 생각했다.

퇴사하고 나서도 글을 쓰고 싶었다. 퇴사를 결심했던 이야기를 몇 번이나 썼는지 모른다. 내 감정은 넘쳐흘렀고, 그 감정은 파편이 되어 글 안에서 여기저기 흩어졌다. 이런 글로 어떻게 책을 만들겠어. 어디에 내놓기 힘든 글이었다. 조금 시도하다 포기하기 일쑤였다.

이제는 더 이상 포기하고 싶지 않았다. 그래, 못할 수 있어. 처음이니까 당연한 거야. 글 쓰는 걸 타고나는 사람도 있지만, 점점 나아지는 사람도 있을 수 있잖아. 배우면 조금씩 나아질 거야. 그러다 언젠가 잘해질 수도. 나는 글쓰기 수업과 글쓰기 모임을 기웃거렸다.

모임 어플을 뒤적거리던 중 한 모임을 발견했다. 에세이 쓰기 모임이었다. 모임장님은 독립출판으로 두 권의 책을 내신 분이라고 했다. 독립출판 작가님이 운영하는 모임이라니...! 빠르게 모임 신청을 눌렀다.

그 주 주말, 홍대의 한 카페에서 우리는 만났다. 작가님은 우리가 미리 써 온 글을 인쇄해 오셨고, 우리는 서로의 글을 읽으며 피드백을 나눴다. 내 글을 남에게 보이는 게 부끄러웠지만, 남들이 내 글을 어떻게 보는지 직접 듣는 것이 나쁘지 않았다. 다른 사람의 글을 보면서 감탄도 하고, 아쉬운 점을 찾아내기도 했다. 그동안 내 주변에는 작가는커녕 글 쓰는 사람도 없었는데, 이런 무리에 속해있다는 것 자체가 신기하고 기뻤다.

작가님은 자신의 책을 선물로 한 권씩 주셨다. 직접 쓰신 책을 손으로 만져보니 내 꿈에도 한 발짝 더 다가간 것 같았다. 작가님은 올해 책을 한 권 더 쓰는 게 목표라며, 다음 주에는 출간기획서를 써 오라고 했다. 내 책의 이름을 정하고 타겟 독자를 정하고 목차를 쓰자 금방이라도 책을 낼 수 있을 것 같았다. 나도 올해 안에 책 만드는 걸 목표로 해봐야지. 다음 주에 피드백 받을 글을 제출하기 위해 타다닥 열심히 키보드를 눌렀다.

소설을 쓰다

에세이를 쓰다가 소설을 쓰기 시작했다. 내가 쓰고 싶은 것을 에세이로 표현하기에는 한계가 있다는 느낌이 들어서였다. 소설은 처음 써보는 것이라서 어렵다. 자꾸 에세이 같은 글만 나온다. 에세이와 소설 사이 어딘가를 헤매고 있다. 쓰다 보면 종착지에 도달할 수 있겠지.

참 신기하다. 글을 쓰겠다고 마음먹고, 그것에 집중하니 글 쓰는 사람들을 만날 수 있게 되었다. 내 주변에 글 쓰는 사람이 이렇게 많았던 적이 있었나. 아니, 한 명이라도 있었던 적이 있었나. 소설가 선생님들, 등단한 작가님들, 독립출판 작가님들, 웹소설 작가님, 동화책 작가님, 글쓰기 지망생들이 내 옆에 가득하다. 그들의 존재가 위로가 되기도 하고, 글을 계속 써나가는 데 큰 힘이 되기도 한다.

 한 달 전, 태어나서 처음으로 소설가 선생님과 밥을 먹었다. 수업 시간엔 잘 웃지 않으셔서 몰랐는데, 밥을 먹으며 보니 선생님의 웃음이 맑았다. 신기했다. 내 주변 어른 중 저렇게 웃으시는 분이 있나? 나중에 선생님의 책을 읽고서야 이해가 됐다. 선생님은 맑은 이야기를 쓰시는 분이었다.

 밥을 먹는 동안 궁금했던 여러 가지 질문을 했다. 그중 한 가지 질문은 '전업 소설가'에 관한 질문이었다. 선생님은 전업은 추천하지 않는다고 했다. 직장을 다니면서 하는 걸 추천한다고 했다.

 "그럼 어떤 직업을 가진 소설가가 많은가요?"

 답변은 바로 돌아오지 않았다. 어떤 직업을 언급하셨는지, 아닌지도 기억이 나지 않는다. 단지 선생님의 마지막 말이 인상이 깊었다.

"백수인 소설가들이 많지요. 하하."

선생님의 칠판은 항상 **빽빽**했다. 어느 날 수업이 끝나고 집에 갈 준비를 하던 중, 지워지지 않은 칠판이 눈에 띄었다. 짐을 정리하다 말고 나가서 칠판을 지웠다. 선생님이 보시더니 고맙다며 선생님의 책을 선물로 주셨다. 돌아오는 수업 전까지 선생님의 책을 읽었다. 무해하고 따뜻한 글이었다.

그다음 수업 쉬는 시간에 싸인을 부탁드렸다. 주신 책은 첫 표지가 조금 찢어져 있었다. 싸인을 받기 위해 표지를 펼치자 찢어진 부분이 눈에 띄었다. 그걸 보신 선생님이 가지고 계시던 다른 책을 하나 더 주셨다.

새로 주신 책에도 싸인을 받고 감사한 마음으로 집에 돌아왔다. 새로 받은 책도 금방 읽혔다. 이 책에도 선생님의 모습이 그대로 드러나 있었다. 좀 더 옛날에 쓰신 책은 어땠을지 궁금해졌다. 지금과 조금은 다른 모습이셨을까?

글이란 참 무섭다. 글을 쓴 사람이 그대로 드러난다. 나도 좋을 글을 쓸 수 있을까? 계속 써보면 알게 될 것이다. 좋은 스승님 밑에서, 계속 써봐야겠다.

:

새로운 경로로 안내합니다

정답은 언제나 내 안에

퇴사 직전, 많은 사람들과 커피를 마시며 이야기를 나눴다. 만나는 사람마다 모두 나에게 퇴사 사유를 물어봤다. 팀장님에게는 대학원을 갈 거라고 대답했고, 사수에게는 공기업을 갈 거라고 말했다. 동기들에게는 창업을 할 거라고 이야기했고, 선배에게는 전문직 자격증 공부를 할 거라고 했다.

사실 나도 내가 뭘 하고 싶은지 몰랐다. 내가 하고 싶은 건 그저 자전거를 타고 도서관에 가서 책을 읽는 거였다. '하고 싶은 일을 찾기 위해' 퇴사한다고 이야기하면 사람들은 '다니면서 생각해 보라'고 했다. 그 이야기가 듣기 싫어 나는 그럴듯한 답변을 만들어냈다.

오랜만에 만난 친한 동기에게도 퇴사 소식을 알렸다. 친구도 역시 똑같은 질문을 했다.

"퇴사하고 뭐할 건데?"
"모르겠어."
"뭐 좋아하는데?"
"나? 책 읽는 거."
"책 읽는 거 좋아해서 뭐 하냐."
"그러게. 사서도 되고 싶고.... 북튜버? 그런 거 해볼까?"
"그래. 아무튼, 뭐든 잘해봐."

'좋아하는 것'이 뭐냐는 질문에 아무 생각 없이 '책'이라고 대답했다. 그때의 나는 일 년 반 후의 내가 무엇을 하고 있을지 알고 있었을까. 내 무의식은 알고 있었을지도 모른다. 전자책, 출판사, 출판마케터, 독립서점.... 온갖 책에 관련된 일에 기웃거리게 될 줄을. 그러다 결국에는 이렇게 글을 쓰고 책을 읽고 필사를 하며, 소설 수업을 듣고 글쓰기 모임에 나가면서 독서 모임을 운영하게 된다는 것을.

소설 수업을 들으러 집을 나선다. 벌써 두 학기째 소설 수업이다. 이번 학기는 이론 수업 3회와 합평 9회, 총 12주간 진행된다. 몇 년간 이 수업을 수강한 선배들에게 물어보니 이론 수업의 내용은 매 학기 비슷하다고 한다. "그러면 좀 지겹지 않아요?"라는 물음에 누군가 이렇게 말했다. "그냥 설교 듣는 것처럼 들어요. 마음 다잡는 데 좋아요." 나는 큰 기대 없이 수업에 참석했다.

"소설가는 계속 읽고 계속 공부해야 해요. 많이 읽어야 해요. 이제 그냥 읽는 건 없어요. 읽는 게 일이 되는 거예요."

 분명 지난번에도 들었던 말 같은데 다르게 느껴진다. 와, 계속 읽어야 한다고? 너무 좋다. 읽는 게 일이라니. 갑자기 웃음이 나왔다. 선생님처럼 평생 읽고 쓸 수 있다면 너무 행복한 인생일 것 같다는 생각이 들었다. 아니, 그냥 읽고 듣고 쓰는 지금 이 순간순간이 이미 행복했다. 나, 진짜 좋아하는구나. 일 년 반 동안, 많이도 방황하면서 이 길을 찾아왔구나. 이제야 내가 하고 싶은 일을 하고 있구나.

내 글이 똥 같을 때

글을 쓰다 보면 그럴 때가 있다. 내 글이 똥 같아 보일 때. 재미없어 보일 때. 이런 글을 계속 써야 하나 싶고, 세상 누구도 내 글을 봐주지 않을 것 같을 때.

그럴 때 내가 쓰는 두 가지 방법이 있다. 하나는 계속 글을 쓰는 것이고, 다른 하나는 사람들에게 글을 보여주는 것이다.

별로인 글이라도 계속 쓰다 보면 뭔가 써진다. 그렇게 쓴 글들을 엮어내 사람들에게 보여준다. 그리고 1주일에 한 번, 2주일에 한 번 만나서 서로의 글에 대한 이야기를 나눈다.

사람들이 좋다고 말해주면 거기서 용기를 얻고, 별로라고 말해주면 어떤 게 별로인지 물어본다. 얼굴을 맞대고 이야기해서 그런지 대부분의 사람들은 예쁘게 말해준다. 그럼 기분이 좋아져 또 일주일을 쓸 힘을 얻는다.

그렇다. 내 동력은 글쓰기 모임이다. 내 목표는 나의 글로 책을 쓰는 것이지만, 그런 목표를 가진 나를 움직이게 하는 건 사람들이다. 매주 내가 쓴 글을 읽어주고, 좋은 점을 말해주며, 어떤 것이 더 궁금한지 알려주는 사람들. 부족한 부분을 조심스레 말해주는 사람들.

내가 쓴 글을 다른 사람들에게 보여준다는 건 큰 용기다. 특히 오프라인에서 만나는 사람들이라면 더욱더. 글을 보여준다는 건 나의 아주 내밀한 부분까지 보여준다는 뜻이니까.

사실 보여주기 전까진 아주 망설여진다. 많이 부끄럽기도 하다. 하지만 그런 용기를 통해 얻을 수 있는 건 아주 크다. 용기 있는 자가 미인을 얻는다고 했던가. 용기 있는 자만이, 다시 글을 쓸 용기를 얻을 수 있다.

나도 그들의 글을 읽는다. 좋은 글에 자극을 받고, 부족한 부분을 보며 나를 돌아본다. 그리고 묻는다. "보통 언제 글 쓰세요?" "하루에 몇 시간쯤 쓰세요?" "요즘엔 뭐 필사하세요?" 이런 소소한 물음에 답해줄 사람이 있다는 게 좋다. 나보다 앞서간 사람들이, 난 이렇게 가고 있어, 하고 말해주는 게 좋다. 가끔 글을 쓰다가, "다들 글은 잘 쓰고 계신가요?"라고 카톡방에 물을 수 있어 좋다.

벌써 소설을 쓰기 시작한 지 3개월이 지났다. 그동안 가르쳐주신 선생님들에게도 감사하지만, 나를 정말 성장시켜 준 것은 나의 글을 봐준 사람들이다. 그들이 없었다면 계속 쓸 수 있었을까. 진작에 난 안돼, 내 글은 재미없어, 하고 포기하고 말았겠지. 오늘도 카톡방에 글을 올리기 위해, 깜박이는 커서를 타다닥 밀어낸다.

열심히 공부하지 마세요

글을 쓸 때면 항상 내기 부족하다는 게 느껴진다. 그래서 여러 수업을 찾아다니기도 하고 책을 읽는다. 소설이란 걸 처음 써보는 나는 작법이 궁금했다. 특히 플롯에 대해 배우고 싶었다. 플롯. 나에게는 잡힐 듯 잡히지 않는 단어였다. 솔직히 무슨 뜻인지 이해되지 않았다. 그러던 와중에 이 책을 발견했다. '소설 쓰기의 모든 것 - 플롯과 구조'.

도서관에서 운명처럼 발견한 이 책을 집으로 데려왔다. 그리곤 3주 동안 탐독했다. 노트에다 적어 가며, 시작과 중간과 끝을 어떻게 써야 하는지를 공부했다. 책에서 알려준 대로만 쓰면 멋진 소설을 완성할 수 있을 것 같았다. 독자를 휘어잡는 재미있는 소설을 쓸 수 있을 것 같았다.

그렇게 책을 읽으며 공부하는 동안 정작 내 글은 덜 쓰게 되었다. 9월에는 일주일에 2편씩 글을 썼는데, 공부를 시작한 10월에는 아이디어와 짧은 글밖에 쓰지 못했다.

그래도 괜찮다고 생각했다. 공부가 끝나면 멋진 글을 쓸 수 있을 테니까. 책을 읽으면서는 뒷부분에 중요한 내용이 있을까 봐, 그래서 글을 망칠까 봐 글을 쉽게 시작하지 못했다. 3주 후, 드디어 책을 다 읽고 나서 글을 쓰려고 책상에 앉았다.

이상했다. 글이 써지지 않았다. 몇 줄 쓰고 나면 아, 이게 아닌데. 하는 생각이 들었다. 책 내용을 열심히 정리해 놓은 노트를 펼쳤다. 아, 맞아 그랬지. 이렇게 써야 하는데. 그리고 다시 노트북 앞에 앉는다. 몇 줄 쓰면 다시 막힌다. 분명 열심히 공부했는데 왜 더 안 써지는 걸까?

책을 읽고 공부하면서 내 머릿속에는 플롯에 대한 개념이 자리 잡게 되었다. 어렵지 않다고 생각했다. 움직이며 시작하기, 주인공과의 유대감 형성, 장애물과 갈등…. 할 수 있을 거라 생각했다. 하지만 막상 내 손을 거쳐 나온 글은 그렇지 않았다. 책에서 말한 것과 같은 글은 전혀 나오지 않았다. 조급해졌다. 잘 쓰고 싶었다. 하지만 쓸 때마다 못난 글이 나오니 더 이상 쓸 수 없었다. 그렇게 나는 또 슬럼프를 맞이했다.

내 욕심이었다. 아니, 자만이었을 수도. 처음 글을 썼을 때를 생각해 봤다. 정말 못 썼다. 그래도 재미있었다. 쓰고, 고치고, 다시 고칠수록 글은 좋아졌다. 좋아진 내 글을 보면 다음에도 그렇게 쓸 수 있을 거라 생각하게 됐다.

그런데 다음 글을 쓰면 다시 0이었다. 그 글을 다듬고, 고치다 보면 조금 괜찮은 글이 나왔다. 그런데 다음 글을 쓰면 또 0이었다. 이런 식으로 나의 기대치는 높아져만 가는데, 내 초고는 항상 똑같았다. 항상 별로였다.

공부하면 글을 잘 쓸 수 있을 거라고 생각했던 건 착각이었다. 선생님이 말하셨던 게 생각났다. 글쓰기는 책상에 앉아서 하는 모양새가 '학문'처럼 보이지만 실상은 '기술'이라고. 공부가 아니라 연습을 통해서 느는 거라고. 고개를 끄덕이며 아는 척했었다. 이제야 그 의미를 깨닫는다.

일단 쓰자. 그리고 고치자. 책을 읽고 작법을 공부하는 것보단, 글을 쓰고 고치고, 고치고 또 써야 한다. 이제 공부는 그만하자. 기술을 연마하자.

신춘문예 첫 도전

 신춘문예라는 것을 알게 된 건 소설 수업 사람늘 넉분이었다. 이 수업은 아주 오랫동안 진행된 수업이었고, 등단한 선배들도 있었다. 등단을 위해 오랫동안 신춘문예에 도전하는 사람들도 있었다. 가끔 수업이 끝나고 다같이 밥을 먹을 때 등단한 선배들이 오면 그렇게 멋있고 좋을 수 없었다. 나도 자연스럽게 신춘문예에 도전해 보기로 했다.

 먼저 그동안 쓴 소설 중 하나를 골랐다. 거의 6개월 동안 소설을 썼고, 짧은 글들이었지만 꽤 많은 글이 쌓였다. 이 글 중에 하나를 골라야 했다. 소설 수업은 한 시간에 한 명씩 소설을 발표하고 그 소설에 대한 피드백을 하는 식으로 진행됐다. 그동안은 짧은 소설만 썼지만 이제 원고지 70매 정도의 단편 소설 분량으로 써보기로 했다.

가장 처음 쓴 소설에 가장 큰 애정이 갔다. 이 소설에 살을 붙여 단편 소설 분량으로 만들었다. 소설 수업 시간 발표를 위해서 다듬고 또 다듬었다. 그리고 그 글을 가지고 발표를 했다. 발표를 한 후엔 다양한 평가를 들을 수 있었다. 그중 선생님이 해준 평가가 인상적이었다.

더 드러내도 된다고, 잘 쓴 소설이라고, 박수를 쳐주셨다. 그동안 열심히 한 보람이 있는 것 같아 뿌듯했다. 좀 더 다듬으면 신춘문예에서도 혹시…. 혹시나 될 수 있지 않을까? 희망이 차올랐다.

신춘문예는 신기한 시스템이었다. 매년 말에 여러 신문사에서 공모를 내는데, 여러 신문사 중 한 곳에만 원고를 제출할 수 있었다. 좀 더 경쟁률이 낮을 것 같은 곳, 내 원고가 잘 어울릴 것 같은 곳을 꼼꼼히 찾아봤다. 그런데 신춘문예 이전 당선작들을 보면 볼수록 내가 될 수 있을까 하는 생각이 들었다. 그 글들이 잘 쓰인 글이라서 그런 것도 있었지만, 내 글과 어딘가 결이 다르다는 생각이 들었기 때문이다.

 그래도 도전해 보자! 하는 마음으로 글을 다듬고 또 다듬었다. 하도 봐서 내 글이 외워질 것 같은 지경이었다. 노트북 화면으로 보고, 핸드폰에 옮겨서 또 보고, 인쇄해서 보고, 소리내어 읽어 보고, 보고 또 보며 글을 고쳤다.

 글을 보는 것만큼 정성을 들인 일이 하나 더 있었다. 바로 필명을 짓는 것이었다. 인스타나 블로그에서 '잘자유'라는 이름으로 활동하고 있긴 하지만, 이 이름은 왠지 소설가의 이름으로는 적절하지 않아 보였다. 각종 작명 사이트를 돌아다니며 이름을 골랐다. 성은 엄마 성을 써볼까? 어떤 글자가 들어가야 예쁠까? 글을 보는 것만큼 작명 사이트에도 수도 없이 들락날락했다.

 최종의 최종의 최종본을 인쇄했다. 그리고 커다란 서류봉투에 넣고 이름을 적었다. 신춘문예 응모작- 이라고 적으니 마음이 울렁거렸다. 당선은 안 되더라도 최종 심사작에 이름이라도 있으면 좋겠다. 작년 당선 뉴스를 자꾸 찾아보았다. 첫 소설에, 첫 응모에 당선된다는 게 말이 안 된다는 걸 알지만 나는 조금 특별할 거라 기대를 했던 것 같다. 선배들은 그랬다. 글 쓴 지 얼마 안 됐는데 당선되는 거, 별로 좋은 거 아니라고. 신춘문예 이후에 활동을 하려면 그동안 쌓아 둔 글이 어느 정도 있어야 한다고. 설레는 마음을 누르려 노력했지만 잘 되지 않았다. 그렇게 매일 밤 당선되는 상상을 하며 잠들었다. 당선되면 어떻게 하지? 내가 소설집을 낼 수 있을까?

시간이 지나 새해가 되었고, 당연하게도 나는 당선되지 않았다. 어디에도 내 이름은 없었다. 당연한 일이었지만 쓸쓸했다. 너무 애정을 쏟아 글을 수정해서 그런지 다시 글이 써지지도 않았다. 내 글이 문학성이 부족할지는 모르겠지만, 내가 봤을 때는 너무 좋은 글인데. 이렇게 묻히는 게 아쉬웠다. 그렇다고 계속 소설을 쓰려고 하니 소설이 써지지도 않았다. 지난 6개월 동안 회사에서 일어난 일들을 소설로 모두 쏟아냈기 때문일까. 이제 더 이상 쓰고 싶은 소재가 내 안에 없었다.

다른 동료들을 보면 나와 너무 다른 것 같았다. 나는 내가 겪었던 일들만 쓰는데, 다들 새로운 세계관을 창조해 냈다. 소설가란 저런 사람들 아닐까? 나는 그저 내가 겪은 것들을 수필이란 이름으로 내놓기 부끄러워 소설이라는 이름 뒤에 숨어 썼을 뿐인데. 이제는 쓰고 싶은 것을 모두 썼으니, 소설 대신 에세이를 써봐야겠다는 생각이 들었다.

그런데 그동안 쓴 글들이 이렇게 묻히는 게 너무 아쉬웠다. 온 에너지를 들여 6개월 동안 글만 썼는데. 이것을 어딘가에 내놓아야겠다는 생각이 들었다. 세상이 인정해주지 않아도 괜찮았다. 아무도 나를 당선시켜주지 않아도, 아무 출판사에서도 내 글을 받아주지 않아도 괜찮았다. 나는 그저 내 글을 내놓고 싶었다.

그렇게 나는 있어 보이는 등단을 포기하고, 스스로 책을 만들어보기로 했다. 내 글을 세상에 내보이겠다고 결심했다. 독립출판이라는 방법을 통해서라도.

연재를 해보자!

그동안 쓴 글이 꽤 많이 쌓였다. 이제 글을 모아서 독립출판만 하면 되는데.... 올해 안에 하는 것이 목표였지만 어느새 12월 말이 되어있었다. 11월, 신춘문예에 응모하고 나서 푹 쉬니까 한 달이 훌쩍 지나갔다. 퇴사 후 정말 무서운 것은 바로 이런 것이다. 아무것도 하지 않으면 아무 일도 일어나지 않는 삶. 아무도 나에게 무엇을 하라고 재촉하지 않는 것. 이런 무한한 자유가 처음엔 기쁘게 느껴졌지만, 이제는 두렵다.

오늘도 하루 종일 누워있어 버리고 말았다. 이러다간 아무것도 못 할 것 같아 블로그에 글을 쓴다.

[구독자 모집합니다!!!]

막상 제목을 쓰고 보니 어떻게 해야 할지 막막하다. 하루에 한 편으로 할까, 아니면 일주일에 세 편? 한 달 동안 할까 아니면 보름 동안? 구독료는 무료로 할까 아니면 만원? 오천 원? 책상 앞에 이런 고민을 하고 앉아 있다 보면 머리가 너무 아프다. 누구도 그 무엇도 정해주지 않는다. 누군가 그냥 매일 한 달 동안 써! 하면 울면서라도 해내고 말 텐데. 그래, 구독자들이 그 누군가가 되어줄 거야. 아무래도 돈을 받고 해야 책임감이 생길 것 같았다.

시작은 새해, 1월 1일부터. 글은 2주 동안 주말 빼고 열 편. 구독료는 오천 원. 이렇게 정하고 블로그 글을 올렸다. 글을 올리고 인스타에 올릴 포스터도 만들었다. 어떻게든 많은 구독자를 모아야 한다. 그 이후엔 그 구독자들을 실망시키지 않기 위해서, 미래의 내가 어떻게든 하겠지.

기간은 일주일. 블로그와 인스타만 보고 신청해 준 사

람은 극소수였다. 팔로워와 이웃을 다 합치면 1,500명이나 되는데. 그중에 겨우 7명이라니. 게다가 신청해 준 사람은 거의 다 지인이었다. 궁금해서라기보다 응원 차 신청해 준 것 같았다. 정말로 고마웠지만 내 영향력이 작다는 게 슬펐다.

일주일 동안 별의별 방법으로 구독자를 모았다. 인스타 광고를 돌리기도 하고, 취준생 카페에 홍보 아닌 홍보성 글을 올리기도 하고, 아는 분이 운영하는 단톡방에 홍보를 하기도 했다. 한 명 한 명 신청할 때마다 뛸 듯이 기뻤고, 하루 종일 신청이 들어오기만을 기다렸다.

그렇게 모은 최종 인원은 28명. 스물여덟 명의 사람들이 내 편지를 기다리고 있다고 생각하니 압박감이 엄청났다. 심지어 내 글을 보기 위해 돈을 낸 사람들이라니. 즐거운 새해, 1월 1일이지만 나는 매일 스터디카페로 출근하기 시작했다.

다섯 편의 세이브를 만들어놓고 호기롭게 연재를 시작했다. 열한 편의 글 중 다섯 편을 써놨으니 크게 어렵지 않을 거라 생각했다. 그런데 언제나 그렇듯, 현실은 생각과 달랐다.

 처음 해보는 일이라 모든 게 생소했다. 구독해 주신 분들의 목록을 엑셀로 뽑고, 그 엑셀 파일을 이용해서 네이버 주소록에 저장했다. 생각처럼 한 번에, 쉽게 하진 못했다. 시간이 걸렸다.

 구독자분들의 메일 주소를 저장하고, 메일을 썼다. 글씨체와 글씨 크기를 조정했다. 첫인사를 어떻게 해야 할지 막막했다. 별거 없는 짧은 문장을 쓰는 데도 많은 시간이 들었다.

 미리 써둔 세이브 내용도 막상 보내려고 보니 마음에 들지 않았다. 다시 보며 자꾸 고쳤다. 핸드폰으로 보실 분이 많을 거라 생각해 '나에게 보내기'를 하면서 핸드폰으로 읽었을 때의 가독성을 살폈다. 핸드폰으로 보며 또 글을 수정하고, PC로 보며 한 번 더 수정하고.... 그러다 보면 시간이 훌쩍 갔다.

미리 써놓은 글을 보내려고 보니 마음에 안 들어 완전히 새로 쓴 적도 있다. 써놓은 글을 그대로 보낸 적은 한 번도 없었다. 이쯤 되면 세이브라기보단 초고라고 표현하는 게 적절할 것 같았다.

5일 만에 세이브가 모두 없어졌다. 그나마 있던 초고마저 없어지자 더 초조해졌다. 책상 앞에 멍하니 앉아 있는 시간이 늘어갔다. 다행히 여섯 번째 글을 쓰고 난 후엔 주말이 있었다.

주말 동안 세이브를 다시 만들어놓자고 생각했지만 이상하게 글이 안 써졌다. 분명 연재를 시작하기 전에는 하루에 한 편씩 잘 썼는데.... 결국 글을 쓰지 못한 채 월요일이 다가왔다.

월요일 아침, 신기하게도 책상 앞에 앉아도 글이 써지지 않았다. 8시에도, 10시에도, 12시에도 글은 써지지 않았다. 2시가 되어도 마찬가지였다. 자괴감이 차올랐다. 그냥 울고 싶었다. 슬픈 영화를 보고 펑펑 울고 나면 좀 나아질 것 같았다.

4시가 돼서야 꾸역꾸역 쓰기 시작했다. 뒤늦게 쓰기 시작한 글은 고쳐도 고쳐도 마음에 들지 않았다. 그래도 약속한 시간이 다가오니 어쩔 수 없이 글을 놔줘야 했다. 처음이자 마지막으로 정해놓은 시간인 6시를 넘겨 6시 16분에 메일을 보냈다.

그날은 밥을 차려 먹을 기운이 없어 치킨을 시켜 먹었다. 치맥을 먹고 취중 요가도 갔다 왔다. 요가를 갔다 와서 더 글로리도 봤다. 그러고는 침대에 누웠다. 내일은 잘할 수 있을까? 모레는? 그다음 날은?

11시, 좋아하는 웹툰을 보고 있을 때, 핸드폰이 울렸다. 구독자분의 메일이었다.

'오늘 글, 특히나 더 좋았습니다.'

특히, 좋았다…. 내가 힘들게 쓴 글을, 내가 꾸역꾸역 쓴 글을, 내가 거지 같다고 생각했던 글을, 누군가가 특히, 좋다고 말해줬다.

엉망진창이었던 하루가 환해졌다. 보낸 메일함에 들어가 다시 글을 읽어봤다. 생각보다 괜찮아 보였다. 여전히 내일도 잘 쓸 수 있을까, 하는 걱정은 사라지지 않았지만, 편안한 마음으로 잠에 들 수 있었다.

그날 이후에도 글이 안 써지는 건 마찬가지였다. 아침부터 앉아 있어도 4시쯤이 되어야 본격적으로 글이 써지기 시작했다. 그래도 그날만큼 힘들진 않았다. 정해진 시간에 메일을 보내고, 무사히 연재를 마쳤다.

내가 글을 쓸 수 있었던 건, 무엇보다 읽어주는 사람이 있었기 때문이다. 가끔씩 받는 응원의 메일이 나를 움직이게 했다.

나의 글이 읽힌다는 것, 그리고 누군가 그 글을 좋아해 준다는 것.

나에게 일어난 아주 소중한 기적이었다.

백수도 출근할 곳이 필요해

월요일 아침 8시. 비몽사몽한 사람들이 하나둘 모여든다. 회사에 출근하는 것도 아니고, 학교에 가는 것도 아니다. 그런데도 매주 득달같이 출석하는 이유는 단 하나. 돈 때문이다. 지각하면 5천 원, 결석하면 1만 원의 벌금이 걸려있었다.

6명의 인원이 둘러앉아 이야기를 시작한다. 지난주에 무슨 일을 했는지, 그리고 이번 주에 무슨 일을 할 예정인지 돌아가며 말한다. 서로 응원과 피드백을 나누고 각자 할 일을 하러 작업실 곳곳으로 흩어진다. 이 수상한 모임은 바로 내가 만든 소모임 - 성공 모임이었다.

이 모임은 내가 필요해서 만든 모임이었다. 책을 만들겠다고 결심했는데, 집에서는 도무지 진척이 없었다. 겨울이라 너무 추웠고, 추워서 잠깐 침대에 들어가야 했고, 침대에 노트북을 가지고 들어갔지만 정작 누우면 핸드폰만 했다. 이러면 안 돼, 하고 노트북을 열려 하면 갑자기 졸음이 몰려왔다. 하루에 14시간씩 잠을 잤다. 이러다 대체 언제 책을 만들려고...! 하지만 밖은 추운걸...! 나 자신과의 싸움이 계속됐다.

어딘가에 나가야 했다. 이런 상태로는 도저히 책을 만들 수 없었다. 그때 마법같이 나타난 인스타 광고. 한 공유 작업실의 광고였다. 그곳은 예술가들을 위한 작업실이라고 했다. 작업실은 24시간 동안 열려있어 언제든 이용할 수 있고, 커뮤니티 활동도 있다고 했다. 소모임도 만들거나 참여할 수 있었다. 심지어 얼리버드 할인이 진행 중이었다.

당장 공유 작업실 2개월을 등록했다. 그래, 두 달 안에 무조건 책을 만드는 거야! 돈을 썼으니 이제 미래의 내가 어떻게든 하겠지!

이 공유 작업실에서 나의 목표 달성을 위해 소모임을 오픈했다. 그게 바로 성공 모임- 성과 공유 모임이었다.

소름 돋게도 성공 모임은 회사에서 배운 모델을 사용한 것이었다. 우리 팀에는 주간 업무 공유회의가 있었다. 매주 월요일, 아침 8시 반. 각자 지난주에 뭘 했는지, 이번 주에는 뭘 할지 공유하는 시간이었다. 회사에 다닐 때는 끔찍하게 싫던 그 시간이 왜 그리워지는지, 왜 필요해지는지. 나는 같이 일할 동료가 필요했다. 나에게 이래라저래라 하는 그런 사람들이 필요했고, 한마디라도 조언해 줄 사람이 필요했다.

그런 의미에서 성공 모임은 성공적이었다. 틱톡커부터 UX 디자이너, 웹소설 작가, 디제이 지망생 등 다양한 분야의 사람들이 모여 자신의 일에 대해 이야기했다. 모두 다른 목표를 가지고 있었지만 서로의 일을 신기해 해주고 존중해주고 응원해 줬다. 성공 모임에 갈 때면 아직 출판도 안 했지만 내가 대단한 작가라도 된 것 같았다. 매주 가서 이번 주엔 뭘 할 거예요! 하고 이야기하면 말했으니 뭐라도 해야지, 싶어 진짜 해내게 됐다. 매일 작업실에 출근해서 마주치면 이번 주 할 일은 다 했는지 은근슬쩍 묻는 것도 좋았다.

백수에게 필요한 것은 아늑한 집이 아니었다. 편안한 집에서는 한없이 늘어질 뿐이었다. 그보다 중요한 것은 적당한 강제성과 이야기 나눌 동료들. 이 두 가지가 나를 움직이게 했다.

좋아하는 일을 한다는 것

일을 할 때 즐겁고 행복한 사람이 있을까? 회사에 다니던 시절, 항상 궁금했다. 내 주변엔 아무리 봐도 그런 사람이 없었기 때문이다. 나를 포함한 모두가 퇴사를 꿈꿨고, 회사 욕을 하며 로또에 당첨되기만을 기다렸다. 새로운 사람들을 만날 때면, 나는 이렇게 묻곤 했다.

"일하는 거, 재밌으세요?"

누군가 나에게 똑같이 되물으면, 그냥 하는 거지 뭐, 하고 대답했다. 재밌게 할 수 있는 일이라는 게 정말로 세상에 존재할까. 나에게 좋아하는 일이란 소문으로는 들었지만 실제로는 본 적 없는 유니콘 같은 것이었다.

이후로 좋아하는 일을 찾겠다며 퇴사했지만, 솔직히 자신은 없었다.

퇴사 후 2년. 드디어 그런 일을 찾은 걸까. 나는 누가 시킨 것도 아닌데 매일매일 공유오피스로 출근을 했다. 아침 10시에 출근해 밤 10시까지 일하기도 했다. 심지어 내 돈 주고 공유오피스를 계약하고, 내 돈 주고 밥을 사 먹으면서 말이다. 나를 움직이게 하는 건 나에게 돈을 준 사람들이었다. 얼마 전, 텀블벅을 오픈하고 30여 명의 사람들에게 후원을 받았다. 아직 만들지도 않은 책에 돈을 내준 사람들이었다. 마치 결혼식에 직접 와준 친구들을 맞이할 때처럼 감사함이 목 끝까지 차올랐다. 그 한 사람, 한 사람을 생각하면 책을 열심히 만들지 않을 수 없었다.

또 하나의 동력은 초조함이었다. 정해진 기간 안에 글을 수정하지 않으면 그대로 세상에 박제되어 버릴 거라는 불안감. 내 책이 누군가의 손에 들어간다고 생각하면 벌써부터 부끄러워지곤 했다. 지금 이 글을 그대로 내보일 순 없었다. 조금이라도 더 나은 글로 만들어야 했다.

한번 인쇄되면 다시는 고칠 수 없다는 그 비가역성이 나를 움직이게 했다.

회사에 다닐 때도 나에게 돈을 주는 회사가 있었고, 차를 만들고 나면 다시 되돌릴 수 없었다. 그럼에도 나는 내가 할 수 있는 한도 내에서 최대한으로 게을러지곤 했다. 일 더 한다고 돈 더 주는 거 아니잖아. 일 많이 하면 그거 다 손해 보는 거야. 일을 안 해야 이득이지. 적당히, 적당히….

5시 59분이면 칼같이 컴퓨터를 끄고 종이 치자마자 뛰어나갔던 내가, 회식 시간도 업무 시간에 포함돼야 한다고 불평하던 내가 이렇게 밤낮없이 일하게 될 줄이야. 예전에는 하루 4시간만 일하는 것만이 행복인 줄 알았다. 그런데 이런 행복도 있었다. 하루 12시간 일하는 행복. 1시간만 더, 1시간만 더 하며 퇴근하지 못하는 행복. 그렇게 더 만족스러운 결과물을 만들어내는 행복.

주말도 없이 출근해 글을 쓰고, 표지를 만들고, 인쇄소 미팅을 하고, 이벤트 기획을 했다. 회사에 다닐 때도 나지 않던 입병이 나 입안이 다 헐었는데도 기분이 나쁘지 않았다. 오히려 열심히 살았다는 증거 같아 뿌듯하기까지 했다. 누군가 나에게 이렇게 묻는다면 나는 뭐라고 대답할 수 있을까.

"일하는 거, 재밌으세요?"

모든 순간이 즐겁고 기쁘진 않아요. 힘든 시간도 많고요. 그럼에도 불구하고, 그 힘들었던 순간마저 반짝이는 추억이 되는 게 좋아하는 일을 한다는 것 아닐까요.

책 만들기의 끝은

"와! 드디어 끝났다!"

2월부터 5월, 한 달이면 끝날 줄 알았던 책 만들기는 무려 석 달이 걸려서야 마무리됐다. 추웠던 날씨는 어느새 포근해졌다. 열 번 정도 뒤집어엎은 책의 표지는 마음에 들었지만, 다시 책을 열어볼 생각은 들지 않았다. 교정 교열을 하며 백 번도 넘게 읽어서 보지 않아도 눈에 선했기 때문이다.

지난한 디자인과 교정 교열의 끝에 나를 기다리고 있던 건 포장이었다. 80여 권의 책을 직접 포장하는 건 생각처럼 뚝딱 되는 일이 아니었다. 며칠 동안 방구석에

철푸덕 앉아 후원자분의 이름을 꾹꾹 눌러써 싸인을 하고, 종이 포장지로 감싸고, 마끈으로 예쁘게 리본을 묶고, 귀여운 스티커를 붙이길 반복했다. 두둑하게 쌓인 송장을 하나하나 붙여 복도 앞에 쌓아 놓았다. 오랜만에 펴본 허리에서는 두두둑 소리가 났다.

생각해 보면 지난 세 달간 제대로 쉬어본 적이 없었다. 택배 배송까지 마치고 도망치듯 강화로 떠났다. 강화의 6인실 한 침대에 누워 노트북도, 아이패드도 없이 하루 14시간씩 잤다. 잠에서 깨면 침대에 누워 하얀 노트에 이리저리 생각의 실을 풀어보았다.

잘 끝나서 좋긴 한데, 앞으로는 뭘 해야 하지? 텀블벅 성공만 생각하며 몇 달간 달려왔는데, 막상 그 이후로 어떻게 해야겠다는 생각은 없었다. '내 책 만들기'라는 인생의 큰 목표를 이뤘다는 게 뿌듯했지만 한편으로는 막막했다. 하얀 노트가 까매질 때까지 쓰고 또 써도 또렷한 답은 나오지 않았다. 그렇게 밀린 잠만 충전한 채로, 다시 집으로 돌아왔다.

깜깜한 방의 불을 켜니 총총 쌓여있는 박스가 보였다. 작은 방의 한 면을 차지하고 있는 8개의 박스. 400여 권의 책들이 아직 주인을 기다리고 있었다. 저 아이들을 얼른 누군가의 책장으로 보내줘야 할 텐데. 그래, 앞으로 내가 해야 할 일은 그것이었다. 세 달간 만든 책을 판매하는 것. 새로운 독자들에게 내 책이 닿을 수 있도록, 그리고 사랑받을 수 있도록 책을 알리는 것.

끝이 온전한 끝이었던 적이 있었던가. 생각해 보면 뭐든 그랬다. 끝은 그저 끝이 아니라 새로운 출발선이었다. 고등학생 때는 수능만 보면 끝이라고 생각했는데, 대학이라는 더 큰 세계가 나를 맞이했다. 대학생 때는 취직만 하면 끝이라고 생각했는데, 직장이라는 새로운 국면이 내게 다가왔다. 책을 만드는 것도 그랬다. 책을 만드는 건 끝났지만, 작가로서의 첫발을 떼게 된 것이었다.

그 시작이 버거울 때도 있었지만 조금 지나고 보면 항상 좋았다. 끝이 아니라 새로운 시작이란 걸 받아들이고 그 역할에 최선을 다하면 새로운 것들이 나에게 다가왔다. 대학생 때는 자유를 얻었고, 직장인 시절엔 돈을 얻었지. 작가로서 만나게 될 건 무엇일까. 알 수 없지만 일단 시작해 보기로 했다. 책상 앞에 앉아 독립서점에 메일도 보내고, 독립출판 페어도 신청했다. 텀블벅 프로젝트는 성공적인 끝이 아니라, 성공적인 시작이었다.

첫 방송은 너무 어려워

대본을 받으니 갑자기 긴장이 됐다. 괜히 한다고 했나. 아무 생각 없이 하고 싶다고 말한 과거의 내가 원망스러웠다. 생방송인데 망치면 어떡하지. 질문에 대답을 못하면 어떡하지. 긴 정적이 흐를 걸 생각하니 끔찍했다.

 그렇다고 여기서 티를 낼 순 없었다. 하고 싶다고 졸랐던 건 나였다. 심지어 다른 사람들을 제치고 얻어낸 기회였다. 잘 해야 해. 긴장하지 말자. 스스로에게 말하며 MC분들과 함께 방음 부스 안으로 들어갔다. 헤드셋을 끼고 앉아 사운드 체크, 마이크 테스트를 했다. 우리가 앉아 있는 모습이 화면으로 보였다. 하필 보이는 라디오라니. 당황하면 그 모습이 그대로 보여질 거라 생각하니 몸이 더 굳어졌다.

라디오에 나가게 된 건 Y님 덕분이었다. 두 달 전, 청년 관련 캠프에 갔다가 만나게 된 Y님은 다양한 활동을 하시는 분이었다. 그중 하나가 라디오 진행자였다. 동네 라디오의 한 코너를 맡고 있다고 했다. 코너의 이름은 속마음 살롱. 청년들을 초대해 청년들의 속마음에 대해 들어보는 코너였다. 질문 카드를 하나 뽑아서, 질문을 하고 이야기를 듣는 방식이었다.

Y님이 라디오에 출연하고 싶은 사람이 있냐고 물었을 때, 나는 첫 번째로 번쩍 손을 들었다. 한창 책을 만들고 있을 때라 라디오에 나가면 책을 홍보할 수 있지 않을까 싶었기 때문이다. 한 명이라도 더 책을 사줬으면 하는 마음 반, 그냥 라디오에 나가보고 싶은 마음이 반이었다. 다행히 나를 좋게 봐준 Y님은 두 달 후 일정에 초대해 주셨다.

책을 열심히 만들다 보니 두 달은 쏜살같이 지나갔다. 어느새 펀딩도 시작하고, 100프로 넘게 달성도 했다. 라디오 방송 일주일 전, 오프닝 곡과 클로징 곡을 선정해 달라는 Y님의 연락을 받았다. 노래를 잘 듣지 않았기에 곡 선정부터 너무 어려웠다. 얼마 전에 릴스에서 들었던 노래 좋았던 것 같은데, 이름이 뭐였지? 아이유 노래가 가사가 좋던데, 어떤 노래가 제일 내 컨셉에 맞을까? 여러 가지 고민을 하며 일주일 내내 음악을 검색했다.

또 밥을 먹을 때, 빨래를 갤 때, 설거지를 할 때 틈틈이 이전 방송을 모니터링했다. 보이는 라디오는 유튜브 채널에 모두 업로드되어 있었다. 출연한 게스트에 따라 방송 진행이 굉장히 달라지는 걸 보며 과연 나는 어떻게 보여질지 상상하며 설레어했다.

지하철을 타고 라디오 녹음실에 올 때까지만 해도, 아니 도착해서 시설을 둘러보고 인증샷을 찍을 때까지만 해도 설레는 두근두근 이었는데. 그게 두려움의 두근두근으로 바뀌는 건 정말로 순식간의 일이었다.

나의 상태와 상관없이 방송 시간은 다가왔다. 노련한 두 MC는 익숙한 듯 방송을 진행했다. 두 사람의 진행을 보며 점점 더 머리가 하얘졌다. 나도 저렇게 할 수 있을까? 할 수 있겠지? 미리 하고 싶은 말을 적어 온 노트와, Y가 전해준 대본만 만지작거렸다.

"그럼 오늘의 게스트, 잘자유님을 소개하겠습니다!"
"안녕하세요 자유님! 간단하게 자기소개 부탁드려요!"

손에서는 땀이 나고 표정은 굳어졌다. 미리 적어 온 자기소개를 더듬더듬 읽기 시작했다. 그 이후로 어떤 말을 했는지는 띄엄띄엄 기억한다. MC분들은 내가 긴장했다는 걸 알아채고 풀어주려고 노력했고, 나는 질문에 바로 대답하지 못할까 봐 걱정하느라 질문에 바로 대답하지 못했다. 아무 말도 하지 못한 시간이 5초 정도 있었지만 세상이 무너지진 않았다.

질문을 뽑고 대답하다 보니 조금씩 긴장이 풀려갔다. 점점 두 분과 대화하는 듯한 느낌을 받았다. 조금 익숙해진 것 같다, 재밌어지는 것 같다고 생각했는데 벌써 30분이 다 되었다고 했다. 이제야 괜찮아졌는데 마지막이라니. 아쉬웠다. Y님은 집에서 듣고 있을 남편에게 영상 편지를 보내라고 제안했다. 나는 흔쾌히 수락하고 카메라를 보며 남편에게 인사를 했다.

"오빠! 항상 나 응원해 줘서 고맙고...."

그런데 흘러나오는 배경 음악이 조금 이상했다. 죽을 병에 걸린 여자 주인공이 유언을 남기는 것 같이 슬픈 BGM이었다. 심지어 내 마이크에 에코까지 빵빵하게 넣어주셔서 꼭 마지막 말을 남기는 비련의 여주인공이 된 것 같았다. 웃긴 마음에 "근데 음악이...."라고 말해버렸다. DJ님은 당황해서 음악을 꺼버렸고, 우리 셋은 눈이 마주치고 웃음이 빵 터져버렸다.

그렇게 웃다가 다른 음악을 틀어주셔서 남편에게 무사히 영상 편지를 보내고, 준비한 클로징 곡의 멘트까지 진심을 꾹꾹 담아 날렸다. 클로징 곡이 흘러나오자, 우리 셋은 헤드셋을 벗고 마음껏 웃었다.

에필로그

일하기 싫은 게 아니라
일하고 싶은 거야

꿈에도 몰랐다. 내가 이런 삶을 살게 될 줄이야.

오늘은 북페어에 나가는 날이다. 어젯밤엔 책을 포장하고 포스터를 만들다 새벽 2시에 잠들었다. 시끄럽게 울리는 알람을 겨우 끄며 눈을 떴다. 책으로 꽉 찬 캐리어를 끌고 길을 나선다. 북페어 장소에 도착해 책을 세팅하고 손님들에게 책을 판다. 지나가는 사람들에게 "스티커 가져가세요~"하며 웃으며 인사를 한다. 낮 12시부터 저녁 7시까지 열심히 책을 팔다가 북페어 마감 시간이 되자 서둘러 행사장을 빠져나온다. 내가 운영하는 모임이 7시 반에 시작되기 때문이다. 모임 장소까지는 걸어서 15분. 빨리 걸어가야 한다. 길거리에서 붕어빵 한 봉지를 사 들고 걸음을 재촉한다. 모임 장소에 도착해 준비한 피피티를 켜고 모임원들을 맞이한다. 한명 두명 들어와 대화를 나누다 보면 금세 분위기가 훈훈해진다. 세 시간 동안 서로를 알아가다 마지막 활동을 진행한다. 대망의 편지 쓰기. 다들 진지하게 옆 사람에게 편지를 쓴다. 빼곡하게 채워져 가는 엽서를 보니 마음이 뿌듯하다. 모임원들을 배웅하고, 모임 장소를 정리하고 지하철을 타니 어느새 밤 11시. 글쓰기 모임 오리엔테이션 영상을 보며 집으로 향한다. 밀린 카톡을 보고, 공지를 올리고, 씻고 잘 준비를 하니 벌써 새벽 1시가 다 되어간다. 내일도 북토크에 가야 하니 얼른 자야지, 하고 잠을 청한다.

항상 이렇게 바쁘진 않다. 하지만 일이 몰릴 때면 회사에 다닐 때보다 정신없게 느껴지기도 한다. 3년 전, 아무 계획 없이 퇴사를 했다. 대기업 연구소의 엔지니어였던 나는, 정해진 길을 벗어난 적 없었던 그때의 나는, 내가 이렇게 살 거라고는 상상도 못 했다.

회사에 다닐 때는 정시 퇴근을 해도 무기력하기 일쑤였다. 침대로 쓰려져 그저 의미 없는 콘텐츠만 소비했다. 회사 일을 잘하고 싶다는 생각은 한 번도 해본 적이 없었다. 업무 시간에도 어떻게 하면 일을 덜 할지만 생각했다. 나는 원래 그런 사람이라고 생각했다. 의욕 없고, 시키는 일만 겨우 하고, 주인의식이 없고…. 나는 게으르고 일하는 걸 싫어하니까. 그래서 그렇다고 생각했다.

하지만 퇴사하고 알게 된 나는 전혀 달랐다. 내가 알던 내가 아니었다. 누가 시키지 않아도 일하고, 누구보다 열심히 일한다. 매주 자발적으로 글을 쓰고, 인스타툰을 올린다. 그것을 모아 책을 만들고, 행사에 나간다. 퇴근도 없이 일하고 주말도 없이 일한다. 그런데 그게 즐겁다. 매일매일 일하는데 즐겁다니. 내가 일하는 걸 좋아한다니. 30년간 전혀 몰랐던 모습이었다.

사실 나는 일을 싫어하는 게 아니었다. 그저, 그때 그 일을 하고 싶지 않았을 뿐이었다. 하고 싶은 일이 따로 있었던 것이었다. 하고 싶은 일을 찾았을 때, 나는 누구보다 일을 좋아하는 사람이 되었다.

다른 사람에게 내 인생의 운전대를 맡겼을 때는 하염없이 무기력했다. 내가 내 인생의 운전대를 잡자 그 누구보다 열정적인 사람이 되었다. 이 책은 태어나서 처음으로 운전대를 잡은 나의 어설픈 초보 운전 기록이다. 길을 잘못 들 때도 많지만 뭐 어떤가. 다시 돌아가면 언젠간 목적지에 닿기 마련인데.

스물아홉, 경로를 재탐색합니다

ⓒ잘자유 2024

초판1쇄	2024년 09월 06일
초판2쇄	2025년 06월 25일
지은이	잘자유
펴낸이	임찬미
펴낸곳	자유북스
출판등록	제2024-000033호(2024년 6월 20일)
주소	경기도 고양시 덕양구 지도로 57, 3층-622호
메일	mia7722@naver.com
ISBN	979-11-989-0720-2 03810

책값은 뒤표지에 있습니다. 이 책은 저작권법에 따라 보호받는 저작물이므로 무단전재와 무단복제를 금합니다. 잘못 만든 책은 구입하신 서점에서 바꾸어드립니다. 본 도서는 서울시캠퍼스타운 사업의 지원으로 창업하여 제작되었습니다.